“写给正在掌权、即将掌权或想要掌权的人们”

——摘自《权力素描像》

桑玉成“政治大白话系列”

我们怎么选干部？

桑玉成　丁　斌 / 著

天津出版传媒集团
天津人民出版社

图书在版编目（CIP）数据

我们怎么选干部？ / 桑玉成，丁斌著．-- 天津：天津人民出版社，2020.7

（桑玉成"政治大白话系列"）

ISBN 978-7-201-16100-6

Ⅰ．①我… Ⅱ．①桑… ②丁… Ⅲ．①干部－人才选拔－中国 Ⅳ．①D630.3

中国版本图书馆 CIP 数据核字(2020)第 110121 号

我们怎么选干部？

WOMEN ZENME XUAN GANBU

出　　版　天津人民出版社
出 版 人　刘　庆
地　　址　天津市和平区西康路35号康岳大厦
邮政编码　300051
邮购电话　(022)23332469
网　　址　http://www.tjrmcbs.com
电子信箱　reader@tjrmcbs.com

策划编辑　王　康
责任编辑　王　琤
装帧设计　汤　磊

印　　刷　高教社(天津)印务有限公司
经　　销　新华书店
开　　本　880毫米×1230毫米　1/32
印　　张　6.25
插　　页　2
字　　数　140千字
版次印次　2020年7月第1版　2020年7月第1次印刷
定　　价　58.00元

总　序

自打涉足政治学这个领域之后，越来越多的理论和实践都告诉我，政治确实是一门最难最复杂的学问。古希腊哲人柏拉图和亚里士多德都说过类似的话。

虽然诚如亚里士多德说的，人是天生的政治动物，但直至今天，真正有其愿望也有其机会从事实际政治活动的人，在哪个国家都是少数。但是这并不意味着多数的人不需要了解政治、不需要政治知识。

然而一个毋容置疑的事实是，我们很多很多的学问家，都把人类的政治知识和政治现象描述得极为复杂，使很多社会成员对政治知识的把握显得力不从心。

政治问题固然非常复杂，但是我记得有一位老领导多少年前给我们讲课时提过这样的话，他说我们在讲述问题的时候有这样四种方式：第一种，把简单的问题简单化；第二种，把简单的问题复杂化；第三种，把复杂的问题复杂化；第四种，把复杂的问题简单化。他说，唯有能够把复杂的问题简单化的才是最为高明的。

我一直试图用简单的、通俗的、明了的方式把复杂的政治问题讲清楚，或者尽管讲不清楚，但至少能够使更多的人愿意听并听得下去。

二十多年前，我在上海师范大学任教的时候，我的硕士研究生丁斌同学与我多有交流。丁斌同学非常聪明、刻苦，知识基础和领悟力都非常好。那个时候，我与他聊起，如何用简单的笔调说一些复杂的政治问题，并与他构思了第一次尝试解读的主题。后来不久，丁斌同学就写下了大约十万字的关于权力问题的初稿。但是因为我工作单位发生变动，来到了复旦大学，一时间无暇顾及这个书稿。一直到我在上海社联临近退休之年，才把这个事提到议事日程上来。

我把丁斌找来，这个时候，他已经是沪上一所初级中学的校长了。在实际的工作岗位上历练了多年，对很多理论和知识有了新的理解。于是，我们再一次讨论并加工了书稿，最后成功地出版了《权力素描像》一书。

有了第一本这样的书，就为我与丁斌的第二次合作奠定了基础。我们两人一拍即合，于是就有了第二本——《我们怎么选干部?》。尽管在实际的职场上，有人之所以能够当上干部，有人却无论如何都当不上干部，这其中有着许许多多说不清道不明的故事，但是我们想要告诉读者的，主要还是选干部的一般程序、条件以及与这些程序、条件相关的一些问题。

2020 年因新冠肺炎疫情防控，很多外出的计划以及公共的活动被取消了，这也使得我有了相对集中的时间做了这样一件事：我把多年来观察到的一些职场现象进行了一番梳理，用有述有论的方式记录了下来。这种种职场现象可以归结为一个概念，叫做“职业主义”。我没有对这种职业主义做价值的判断，这个留给读者诸君去思考。

现在自媒体上有一种比较流行的说法，那就是你要把几篇文章“连着看”。从“连着看”的角度来说，我们的这三本书，其实说的是这样几个无法分割的问题,即权力是什么、谁有机会掌握权力、掌握权力的人又是如何运用权力的。

在《权力素描像》的内页上,我们写着这样的一句话:“写给正在掌权、即将掌权或想要掌权的人们。”之所以写下了这样一句话,是因为这本书隐含着作者的一个初步认知。在我们的社会中,以掌权为目的、以掌权为享乐、以掌权为荣耀的大有人在,但是却很少有人希望去了解权力到底是什么,尤其是他们无意了解甚至是有意不去搞清楚权力的本源在哪里、权力的本质是什么、权力的宗旨,以及权力的限度等等这样一些实质性问题。

同样,正如那句“不想当将军的士兵不是好士兵”一样,当干部也是很多人的人生目标。但是这里的问题是,有些人往往通过各种各样的方式去找门道通熟路,以求得到个一官半职,却很少有人去思考我们的干部选拔制度,去了解什么样的人有可能当上领导,而什么样的人却不能,诸如此类的问题。

对于执掌着权力,并且整天对公共事务进行决策、对公共资源进行权威性分配的掌权者或者说领导干部而言,我们也要去思考,我们的一言一行、一招一式,都与一般的公众有着不同的意义。因此,我们有必要去思考基于我们的“职业”所作出的种种行为究竟意味着什么。这正是《职业主义》所希望起到的一种作用。

于是,在与出版社的同志商量之后,觉得我们的这几本书可以成为一个系列,思来想去,我把这个系列叫做“政治大白话系列”,意思就是想通过一种“大白话”的方式讲述一些政治知识和政治现象。当然,所谓“大白话”的意思也是多重的,但这里的意思主要还是通俗的、实在的意思。

这个“政治大白话系列”目前有三本作品:《权力素描像》《我们怎么选干部》和《职业主义》。我们想把它做成开放的丛书,有好的选题和思路,继续往里面补充。但到目前为止,第四本、第五本是什么,我们还不知道。这也是大白话。

桑玉成

2020 年 7 月

目　录

引言

其实,如同上了公交车,谁都要去坐一个座位的

清晨,一辆公交车启动引擎,即将发车。睡眼蒙眬的人们行色匆忙地上车,扫了一眼空着的座位,径直坐上最心仪的那个,调整为最舒适的坐姿,悠然自得地欣赏起远方渐渐亮起来的天空。一个又一个的行者神色匆匆。车子驶离了站台,游走在昏暗与明亮之间,一页页的苍白和迷茫在安坐着的人眼前一晃而过。车在站台停靠,有人起身离座,匆忙下车,便有坐者更换了座位;上车的人们,或衮衣绣裳,或黄冠草履,无一例外地会瞥一眼车厢里的座位,如有空闲,必大步流星往据之。

……

故事由此拉开序幕,我们要讲述的是关于车厢里或者说车厢外这些“位子”以及位子上“人”的故事。

坊间一直流传着票子、位子、房子、车子、儿子、妹子等诸多关于“子”的传说,茶馆酒肆、席前饭后这些“子”占据了绝大多数平民百姓的话题,是人们拿来炫耀的财富,抑或是对人一生勤奋的回报,是自我价值认定的物质性展现,还是宣泄牢骚的一种方式?

每个“子”讲起来都是一部编年史,也都有不少辛酸泪,幸好今天只谈“位子”。我们生活场景中充斥着各式各样的位子:电影院的位子,阅览室的位子,公交车上的位子,火车飞机上的位子,餐厅里的位子,办公室里的位子……几乎所有室内室外的空间都摆有位子;而当人们走进

一个有“位子”的空间时，“选择”和“占据”是必定会发生的连贯动作。

当然，除了这些直接映入眼帘的“位子”，产生高度联想的还有极为重要的也是人们更为看重的“位子”，也就是组织体系中的、工作上的“位子”——职位。

有时候，组织真的就好比一辆行驶着的、不算太拥挤的公交车。我们知道起点和终点，但终究无法探秘沿途的坎坷。组织刚刚成立的时候，几乎人人都可以占个一官半职，一旦有人离职、退休了，空出个职位，就有人急切地想要挪过去，又或者一不小心被某个“空降兵”占了；有的人中途上车，就一路在推搡中尴尬地等待下车；有的人没多久就坐到了“位子”上，有人韬光养晦、苦苦守候，可“位子”上原本的那个人一路坐到了终点……

在职场，围绕“位子”的明争暗斗远比公交车上的故事要来得生动有趣，也来得曲折纷乱。在公共部门或者其他组织结构中，那些“位子”蕴含了丰富的“内涵”，坐上“位子”的人，我们现在称之为“干部”，古时候称为“官”，在学术上也可以解释为“从事领导和管理工作的公职人员”。

“干部”也好，“官”也好，都只是一个统称，具体到各朝各代，各个国家，对应不同级别、不同管理领域，称谓也各异。统称有统称的好处，具体的事物被抽象后，便于我们去辨识它的内涵和本质；但这种抽象也容易被恶意操纵，以偏概全。一些写手“标题党”就喜欢用类似“官商勾结”“官逼民反”“贪官污吏”这样的贬义词来博人眼球，以致由于某些个体的行为不端乃至恶行，玷污了整支队伍。

在任何时代、任何国度，都需要一定数量的干部或者说官员，随着人口增加、社会膨胀、事务分化，这个问题在现代更为突出，而无论在什么制度体系下，所谓的“干部”都是社会的精英。正因为是社会的精英，

“干部”也就一定是多数社会成员所企望得到的“位子”。

在不同国家、不同文化背景下，对干部这一身份的追求又可以演绎为不同的方式。例如，在一些国度，说要选举一个官员，一大批符合条件的各界精英人士纷纷举手，跃跃欲试，还大张旗鼓地四处张扬，逢人便吆喝：“我要当”“我能够当”“你们投我一票”……接下来就演出一幕幕搭台竞选的大戏。而在中国，有个职位空出来了，几乎人人都摇着手、后退半步，谦虚地说：“我不行，我不行”“你们不要选我”，或者故作清高地说：“我没兴趣，谁要做谁去做”……而心里想的却是：“让我来”“我可以的”“我是最合适的”“选我选我”……

干部的位置何其多

每一个“上车”的人都想占个“座”，真的有那么多“位子”？

现实生活中，干部的位置还真不少。偌大的国家，大大小小的政府部门、派出机构数以千万计，再算上国有性质的企业、科研院校和各类事业单位，更是不胜枚举。每个组织又都有负责人，内设机构也有负责人，如此等等，看起来仕途一片光明。我们甚至可以非常乐观地想象这样的境况，哪怕再热门的电影，在那么多的电影院中，总是不大可能全部满座的。

但是略微悲观一些的人环顾四周，再转念想想，似乎又没有看到有那么多位置虚位以待。毕竟任何一个组织的位子排列总是呈金字塔状,越是往上,位子就越少。你不得不排除那些遥不可及的位置,因为位子越高,其实离你也越远;同时,还不能过多地考虑跨行业的干部位置,甚至都不要去惦记跨部门的位置;对于视线所及的,绝大部分也都盘踞要津了。

当然也不必灰心丧气的,空缺的位置总还是层出不穷,这是选任干部工作的前提。位子是从哪里来的呢?你可以留意以下几种情况:

一是产生了新的组织、新的部门,需要组织运行的骨干和领导人物。比如,上海为了成功举办2010年世界博览会,早在2003年10月就成立了世博局,具体负责世博会的筹备组织、运作管理,协助世博会中国政府总代表开展工作,承担上海世博会执委会在决策、协调中的日常工作,协调对外合作交流活动及世博会的运营工作。有那么多事务要处理,世博局就设置了综合计划部、国内参展部、国际参展部、外事办公室等三十个机构,就出现了局长、副局长以及三十个部长的职务,这就需要好几十位干部。又比如,在2018年召开的十三届全国人大一次会议上,国务院宣布进行机构改革,组建了生态环境部、自然资源部、退役军人事务部等部门,当然就需要相应的干部。几乎每一次的机构改革都可能产生如此现象,联想开篇描述的公交车始发场景,如出一辙,来了一辆始发车,空位子就有了。

二是既有位子上的干部退休、任期已满、提任或者离职了,当然还有在任离世的,或者被“进去”的,虽然很不幸,结果是一样的:这个位子空缺了,那必然就需要有人替补。古代有“罢职归家”“告老还乡”“退而致仕”等的说法,现在有离退休制度、任期制等。古今中外,这是最司空见惯的情形了,无须举例解释。

三是组织或者部门出现矛盾了,班子不团结、干群矛盾、群众矛盾激烈等,原有位子上的干部无法管理组织,更不要谈发展了,这时就需要“动一动”“挪一下位子”,调整干部配置,以维持组织稳定和尊严,保障管理事务的正常开展,这时,同样会出现空缺的位置。

位子从形式上是一个名称,部长、市长、区长、县长、局长、主任,等等,带着“长”或者“主任”,听上去就霸气外露,意味着一种权威。当然,同样是一个什么“长”、是哪里的“主任”,甚至是一个什么“小组长”,诸如此类,因为其组织层次的差别,往往也不能同日而语。在内容上,应该说所有的“位子”都代表了这个职务所要从事的工作、所要完成的任务、所要推进的事业、所要管理的领域,肩负着的是一份沉甸甸的责任和压力,当然,也有相应的待遇。

不想当将军的士兵就一定不是好士兵吗

好多年前复旦大学试行自主招生改革,在考生通过了一个所谓的“千分考”之后,进入面试环节。一个考生分别接受五位老师的面谈,然后五位老师分别打分。我也曾参加过这样的面试。有一位男生进来坐定,简单介绍以后,看得出非常地自信。我就顺口问了这样的问题,说按照你目前的情况,你觉得你以后是适合当领导呢还是适合被领导?考生毫不犹豫地回答:我是当领导的。然后我就接着问,你的理由是什么?这位考生也不含糊,一二三四,谈了他之所以以后能够当领导的素养和优势。

据说,有超过80%的人都想当干部,拿破仑将军那句“不想当将军的士兵不是好士兵”的豪言壮语似乎有意在为此提供正当解释,也激励着想当干部的人砥砺前行。我们不能把想当干部一概而论地归结为贪图权贵,在现实社会的土壤上,应该有着深层次原因,也体现了一定的合理性。

首先,干部代表了一种精神和文化层面的精英质性。干部所承担的工作牵涉千家万户,引领社会进步。从宏观角度讲,是国家改革和发展的推动力和践行者,其居于社会发展的地位是不言而喻的。在精神层面代表了一种居高临下、鉴往知来、高瞻远瞩的品质。古代社会“学而优则仕”,读书读得好的人才有可能成为朝廷命官。在识字率普遍较低的传统社会,能粗通文墨就已经是百里挑一,饱读诗书的更是寥寥无几,其中的佼佼者才能出仕,简直就是寥若辰星,受人们仰视也是理所应当的事,干部就成为整个社会的精英团体。一个人渴望成为社会精英,受人尊重,体现出人存在的自我价值,不仅无可厚非,而且还值得推崇。

其次,干部的角色也承载了无数仁人志士励精图治、治国安邦的理想。人类生存延续至今,在不断追求完美的社会制度,寻求更幸福的生活状态,只有做了官,当了干部,大权在握了,才有可能去调配社会的各种资源,才有机会去修补世界的伤痕,随之建造出诸如乌托邦、理想国抑或大同世界如此美妙的人类梦想。这是干部的属性、角色、功能,以及其掌握的权力所赋予的使命。你要改变世界,想恩泽众生,就是要成为干部。大干部改变大局面,小干部改变小环境,不做干部也许就只能改变自己。每一个胸怀天下的人寻求为官之道,或多或少应该都是有那么一种理想主义色彩的。

再直白一些,在中国特有的社会政治环境和传统文化下,干部作为一种光宗耀祖、显亲扬名的工具性符号,也着实是一种权力、地位、财富的载体和象征。很多人认为,即便腰缠万贯,也不及拥有一官半职。财大气粗只是富,不是贵;要权重望崇,才是贵。古代就有捐官一说,士民向国家捐资纳粟取得官职。这种制度,始于秦汉,既作为补充国库的来源,也作为入仕的渠道。明朝监生郭佑在一次上书谈论战事中提到:“昨以国用耗乏,谋国大臣欲纾一时之急,令民纳粟者赐冠带。”[①]尽管捐官的初衷似乎是为了“钱”,国库空虚,需要民间资助一把,貌似只是解一时之急,可这种阶段性经济困境又延绵不断,每个朝代几乎都会设置捐官的制度,甚至发展到清朝,成为和科举制度互相补充的入仕渠道。在任何时代,官职总是社会的一种稀缺资源,而“为官”,也就成为百姓所追求的一种生存境界。

因此,不管从什么角度理解,想要成为干部的念头合情合理,大可不必扭扭捏捏,故作姿态,这反而显得有点矫情、做作了。只是如何去表现你想当干部的念头,大有学问。

当然,也不能一概而论。俗世洪流中总萦绕着小清新,身边超凡脱俗的小伙伴让生活充满了惊喜,也为世界保留了一份纯真。他们无意于功名利禄,对于权力、位置或敬而远之,或若即若离;顺其自然又尽忠职守。如此“不想当将军的士兵”恰恰是平凡岗位上难能可贵的人才,正是这些爱岗敬业的“士兵”履行着种种岗位职责,也构成了纷繁复杂的社会生态系统。

---

① 《明史·列传·卷五十二》。

对于当干部，想不想、能不能、成不成，都是谁说了算

选拔干部好比大浪淘沙，那些“想当将军的士兵”，最后又有多少成了将军呢？又是什么样的士兵最后能被选拔出来当上将军？古今中外，历朝历代，优秀人才层出不穷，为什么有些高官显爵，有些尺板斗食，有些落魄终身，而有些闲云野鹤呢？

“想不想”当干部？这个问题是你可以说了算的。历朝历代，有人为苍生立命，投身社稷；也有人建功立业后，功成身退，退隐山林；还有人隐居不仕，谢绝为官。西晋时期的学者、医学家、史学家皇甫谧编纂了一本《高士传》，记载了诸多对权位说“不”的人，至于他们为什么说“不”可另当别论。例如，汉朝一个叫严光的人就被列在“高士”之列。《后汉书》记载：

> 严光，字子陵，一名遵，会稽余姚人也。少有高名，与光武同游学。及光武即位，乃变名姓，隐身不见。①

这位与汉光武帝同学兼好友的严光，对于刘秀的“思其贤”不为所动。其他如许由、介子推、何点、竹林七贤等也都是淡于名利，“不想”当

① 《后汉书·列传·逸民列传》。

干部,也不失为一种心甘情愿的生活态度和生活方式。但对于那些想当干部的人,“能不能”“成不成”,就由不得你了。

从某种意义上来说,干部不是你想当就当的,而是你“被”选上了才能当干部的。主动权并不在你,你所能做的仅限于主观上“想不想”,以及为当干部做好充分的准备,而真正“被选上”的过程则是必然性和偶然性综合作用的结果,可言而不可言尽。大体上可以从以下三个角度去思考:

第一方面是“人”,也就是你自己的综合素养,道德品行、能力作风等。这是主观的,体现了干部选任的必然性。要知道,无论哪个时代、哪个国度,在“选拔”干部时都会有这样关于被选者主观条件的考虑。当我们赞赏在台上叱咤风云、指点江山的干部时,有时会感慨“这人就是天生做官的料”,用时尚的话语说就是“气场很强大”。这气场就是个体的综合素养。有没有可能当上干部,暂缓怨天尤人,先要“照照镜子”,自己有没有成为干部的内外兼修的条件。

俄国著名戏剧理论家斯坦尼斯拉夫斯基有一部系统论述戏剧表演的日记体著作《演员的自我修养》,书中详细阐述了演员在形体、发声、性格、思维逻辑等方面所应具备的素养。各行各业都有属于自己行业独特的素养,你具备了这些素养,符合了这些要求,就拥有了从事这项职业的敲门砖。当我们把做干部视为一种职业,这就和从事医生、教师、运动员、演员、会计、电焊工的道理是一样的,这是成为干部的内在条件,是内因,有些素养是与生俱来的,更多的则需要不断自我修炼,不断地学习领悟,不断地提升提高。

第二方面是“天时”,也就是你所处的“大势”,包括时代背景、社会形态、国家性质、政治制度、特定的选拔方式等,这些是客观的,不以个人意志为转移的。这时,允许你怨天尤人,杯酒静月,垂泪低叹“生不逢时”“英雄无用武之地”云云。身处什么时代确实不是你能左右的,而不同时代,统治阶级在进行干部选任中所采取的制度、方法和策略等,又大相径庭。这些制度、方法和策略从根本上来说都是为了维护阶级统治,实现国家的长治久安。因此,干部选任制度作为国家上层建筑中政治制度的组成部分,是国家意识形态在制度层面的反映,必然是反映了统治阶级在处理人才问题上的特定设计。这是符合马克思主义哲学观的,任何一种上层建筑都是经济基础的反映,代表了统治阶级的利益。国家倡导什么样的价值观,就需要选任具备这些价值观的人才为干部。你必须适应和遵循这样的价值态度,顺应这样的制度安排,才有可能进入所谓“体制内”,在其中弄个一官半职的。否则,你就在体制外生存,也可以乐得其所,优哉游哉。

第三方面是“地利”,也就是你所处的“小势”,或者说小环境,你所在的单位性质、工作内容,接触到的上司、同行、下属,甚至每个人的性格禀赋、情趣志向、为人处世;也包括领导的用人思路和政策、上司的选人眼光,以及所谓的格局等。这就存在着很大的偶然性。

所以能不能、成不成的问题,谁说了都不算,是建立在过程中的必然性和偶然性综合作用之上的。因此,再优秀的人也不能自信满满,不能认为这个职位“非我莫属”;当选之人也不该有心安理得的自信;没有当选的人也大可不必自叹弗如,自怨自艾。平常心是“道”,怀揣一颗平常心来看待选任中的得失成败,得之我幸,不得我认。

第一章　形形色色话『干部』

“辅德里”走来了干部

过去一讲到干部，很多人脑海中会浮现这样一幅画面：藏青色中山装，尖角翻领，单排扣、四方袋，前胸口袋里插着一支甚至几支钢笔，脸型四四方方，鼻梁上架着一副黑框眼镜，文质彬彬，走路四平八稳，说话斯斯文文。为什么会产生这样的印象？因为“干部”这个名词或者称谓就是在那个年代的中国大地上蓬勃发展起来的。

对汉语来说，“干部”一词不是个新生儿，只是年龄也并不大。它是一个舶来品，外来谐音词，源于法文，本义是骨骼，顾名思义，是用以支撑起整个躯体的有力架构，如今看起来，词语的原意还是得到了充分的保留，干部之于组织的作用恰如骨骼之于身体的作用。在日本明治维新前的幕府时期，幕僚的头头被称为“干部”。

在我国，中国共产党初创时期就开始使用“干部”这个词语了。在中共二大通过的《中国共产党章程》第二章第四条中写道：“……每一个机关或两个机关联合有二组织以上，即由地方执行委员会指定若干人为该机关各组之干部”；第八条“中央执行委员会任期一年，区及地方执行委员会任期半年，组长任期不定，但均得连选连任；干部人员由地方执行委员会随时任免之”；第三章第十一条写道：“……各地方由执行委员会每月召集各干部会议一次。”显然，这里“干部”的意思和我们今天频繁使用的干部已经很接近了，就是指骨干和指挥人员。

中共二大会址位于上海南成都路辅德里625号,1922年7月中共第二次全国代表大会在此召开。此地现今已经成为上海市中心延中绿地的一部分,经过改扩建,纪念馆于2002年对外开放,2013年由国务院公布为第七批全国重点文物保护单位。

在文法上,“其次”总是要比“首先”的地位略低,但二大因其诞生了中国共产党的第一部《党章》而闻达于史。当时出席会议的12人,代表了全国仅有的195名党员,[①]但《党章》还是高瞻远瞩地对人数增长之后的局面作出了预判和设计,其中一项就是定义了“干部”的骨干意义。虽然章程并没有对干部应该具有哪些权力、从事些什么工作、承担什么责任作出详细的规定或清晰的指向,但从仅有的三处提及,我们已经能隐约感受到干部未来所要面临的挑战。

新中国成立后,这个称谓被继续沿用并拓展,就不仅仅指党内人员了,凡在公共部门[②]里承担领导和管理工作的人被统称为“干部”[③]。大家联系一下时代背景,就可以理解上述对干部形象的描述是恰如其分的。

时光荏苒,干部一茬一茬地更迭,形象在不同时代背景下不断地丰富,但对于民众,干部的总体印象依旧是沉稳、严谨,有点刻板和墨守成规;严肃、权威,甚至强势、“独断”“腐败”……

印象只是人们接触了人、事或者现象后所留下的思想痕迹,是在民众心里产生的对某一类人群的总体感觉。就好像老百姓也会对医生、

① 中共中央党史研究室:《中国共产党的九十年·新民主主义革命时期》,中共党史出版社、党建读物出版社,2016年,第43页。

② 公共部门可以理解为被国家授予权力,以社会利益为目标,管理各项社会公共事务,向全体社会成员提供服务的组织。

③ 在某些话语系统里,干部还是一种身份属性,与工人、农民并列作为我们正常从业人员的三种身份。具有干部身份的人员由人事局统一管理。这不作为我们讨论的内容,不作详解。

护士、教师、商人、学生、工人等群体产生一个总体印象一样。具体接触到某一个你所认识的人时，又都是鲜活丰满的。因此，如果你细细品察，不管是你身边做干部的亲戚、朋友，还是你工作生活中所接触到的干部，每个人都个性鲜明，也都是“烦恼无根日日生”。我们要研究怎么选拔干部，首先就要了解干部。

寻找你身边的干部

> 古之欲明明德于天下者，先治其国；欲治其国者，先齐其家；欲齐其家者，先修其身；欲修其身者，先正其心；欲正其心者，先诚其意；欲诚其意者，先致其知；致知在格物。物格而后知至，知至而后意诚，意诚而后心正，心正而后身修，身修而后家齐，家齐而后国治，国治而后天下平。①

《礼记》尝试着用极简形式描述修身、齐家、治国、平天下之间的关系。我们可以认为，那些治理国家、安定天下的人就是各种各样、各级各类的官员，或者说干部。那么在现代社会，哪些人在管理着我们的国家，哪些人属于这样的官员或者说干部呢？

---

① 《礼记·大学》。

在规范的意义上说,我们现在所说的干部大体上可以分为两类:

一是中共中央、全国人大常委会、国务院、全国政协、中央纪律检查委员会工作部门或者机关内设机构领导成员,最高人民法院、最高人民检察院领导成员和内设机构领导成员;县级以上地方各级党委、人大常委会、政府、政协、纪委、人民法院、人民检察院及其工作部门或者机关内设机构领导成员;上列工作部门内设机构领导成员。

二是参照公务员法管理的县级以上党委和政府直属事业单位和工会、共青团、妇联等人民团体及其内设机构领导成员。

之所以说从规范的意义上说,是因为上述的界定是有依据的。这样的界定主要是采用了 2014 年 1 月中共中央新印发的《党政领导干部选拔任用工作条例》[①](后文简称《干部任用条例》)第四条中界定的范围。[②] 举例说明,省委书记是干部、某县人民法院院长是干部、某地级市政协下设的办公室主任是干部、某自治县工会主席是干部、某区共青团委书记是干部、某县妇联主任是干部、某大学校长也是干部、大学下属学院院长也是干部……

其实无论是归纳还是例举,都不足以“网罗”所有的干部。对于我们来说,实际上也没有必要去做这样的归纳和例举。你完全可以留意一下,找找身边有哪些亲朋好友是“干部”。你可能会发现,这些干部,有些是公务员,有些不是,可能是教师、医生、人民团体的负责人。这里,重要的是厘清公务员和干部的关系,简单地说就是搞清楚两个问题:公务员是不是都是干部?干部是不是都是公务员?

---

① 《党政领导干部选拔任用工作条例》是根据《中国共产党章程》和有关法律法规制定出的。该条例共计十三章七十一条。最新修订版为 2019 年 3 月 3 日施行版本。

② 《干部任用条例》中还规定:“上列机关、单位选拔任用非中共党员领导干部、处级以上非领导职务的干部,也参照执行。”

这涉及对我国公务员制度，尤其是公务员分类的认识。根据中华人民共和国第十届全国人民代表大会常务委员会第十五次会议于2005年4月27日通过、2006年1月1日起施行的《中华人民共和国公务员法》(以下简称《公务员法》)[①]第一章第二条规定:“本法所称公务员，是指依法履行公职、纳入国家行政编制、由国家财政负担工资福利的工作人员。”“公务员职位类别按照公务员职位的性质、特点和管理需要，划分为综合管理类、专业技术类和行政执法类等类别。”[②]

其中，所谓“本规定所称专业技术类公务员，是指专门从事专业技术工作，为机关履行职责提供技术支持和保障的公务员，其职责具有强技术性、低替代性”[③];“本规定所称行政执法类公务员，是指依照法律、法规对行政相对人直接履行行政许可、行政处罚、行政强制、行政征收、行政收费、行政检查等执法职责的公务员，其职责具有执行性、强制性”[④]。在《专业技术类公务员管理规定(试行)》和《行政执法类公务员管理规定(试行)》中都对专业技术类公务员和行政执法类公务员的级别及其职务进行了设定，但他们并不从事“领导和管理工作”。

因此，公务员不都是干部，只有综合管理类公务员，才从事领导和管理工作，而其中只有县处级以上的人员，才被称为“干部”，按照《干部任用条例》的规则进行选拔任用。

同时，由于还有很多事业单位、人民团体中的领导也是干部，因此

---

① 《中华人民共和国公务员法》由中华人民共和国第十届全国人民代表大会常务委员会第十五次会议于2005年4月27日通过，自2006年1月1日起施行。根据2017年9月1日第十二届全国人民代表大会常务委员会第二十九次会议《关于修改〈中华人民共和国法官法〉等八部法律的决定》进行了修正，2018年12月29日第十三届全国人民代表大会常务委员会第七次会议修订。

② 《公务员法》第三章第十六条。

③ 《专业技术类公务员管理规定(试行)》第一章第二条。

④ 《行政执法类公务员管理规定(试行)》第一章第二条。

干部并不都是公务员。例如,某县级市教育工会主席是干部、教育部直属高校下设某学院院长也是干部,等等。

当然,所谓干部、领导,你还可以从更为宽泛的意义上去使用,或者注意到他人在使用。这或许与一种不是很健康的社会风气有关,现在似乎还有一定的影响,“干部”“领导”几乎成了一种泛称呼,就像过去社会上称“同志”,后来又称“师傅”那样的情况。

既然干部是指一个特定的人群,那是不是在一个公司里选拔一个经理、工厂里选拔一个班组长,或者学校里选一个教研组长、医院选一个护士长、项目选一个负责人等,就不用去仔细考量了呢?

其实“选拔”这回事儿在任何朝代、任何国家、任何层面都是需要做的事情,即都要选拔那些“为我所用”的人才为我所用。通过一定的规范、制度和程序,选拔一定数量的干部担任各个公共部门的领导职位,其运用合法、正当的权力对社会的各种领域进行领导、管理的工作,以维系社会的正常运行和发展。

大小干部台阶论

我们还记得两位相声演员表演过一段精彩的情景相声。两位老同学在火车上偶遇,闲得无聊,拿出了各自口袋里的名片当扑克牌打,抛出不少笑料来。

现实生活中确实如此，尽管大家都是干部，都是官员，或者说都是“书记”“主任”，但是干部与干部之间、书记与书记之间、主任与主任之间……大小是不一样的。

全中国干部数量数以万计，从事的工作、占据的岗位也千差万别，为了更准确地去认识和理解，我们采取“类”的方式，通俗地说就是先分分类。

世界是复杂的、千差万别的。我们之所以强调类别的概念，其精要之处正在于，它能够把错综复杂、千差万别的事物理顺，以便人们准确地把握不同事物的不同本质。所谓相同的事情相同对待，不同的事情不同处理，如此等等。“类”的思维是辩证法的基本要求。《康熙字典》中，类字又做“善”解，“勤施无私曰类”。其实，事物的等差条理也确实可达成一种“善”的境界。

和很多名词一样，我们在不同语境下使用“干部”一词的时候会自觉不自觉地产生不同的分类方法。例如，常言俗语中会用“党务干部”“行政干部”区分专门从事党务工作和行政工作的干部；又常常会说到“局级干部”“处级干部”，这是按照行政级别来指向的；又会用“中层干部”来表示组织中承上启下的干部角色；还会说“机关干部”“企业干部”或者“事业干部”；甚至还有“南下干部”“北上干部”“援藏干部”“援滇干部”“少数民族干部”“妇女干部”，等等。

从不同角度出发对干部可以有不同的分类方法，鉴于我们讨论的是干部的选任问题，就稍微集中一点，从三个维度去界定干部，包括：从层级变量上；从组织变量上；从内容变量上，而其中最重要的，就是从层级变量上将干部分成不同的级别。一个级别就好似一级台阶，人生一个台阶、一个台阶地走着，走着……走向由权力搭成的一级级阶梯。

在《公务员法》第三章“职务、职级与级别”第十七条中规定：“国家实行公务员职务与职级并行制度,根据公务员职位类别和职员设置公务员领导职务、职级序列。”第十八条规定:“领导职务层次分为:国家级正职、国家级副职、省部级正职、省部级副职、厅局级正职、厅局级副职、县处级正职、县处级副职、乡科级正职、乡科级副职。”

除了公务员身份外,根据《干部任用条例》,我国还有很多“参照公务员法管理的县级以上党委和政府直属事业单位和工会、共青团、妇联等人民团体”,还有一些国有企业,也都是可以延展到相应的公务员级别。

例如,国务院总理是国家级正职,河南省政协主席就是省部级正职,南京市市长就是省部级副职,重庆市某区体育局局长就是县处级正职;同时,对某些事业单位也界定了相应的级别,比如清华大学校长是省部级副职,上海市重点高中的校长是县处级正职等。其实,我国“干部级别”这样的问题也是极为复杂的,多少篇博士论文都是做不完的。比方说,在很多省里面,一个乡镇长是个科级干部,而在北京上海等直辖市,同样的乡镇长就是处级干部;同样是大学,有的大学的党政主要领导是副部级干部,有的大学的就只能是正局级干部,如此等等。如果把干部级别也视为一种“资源”的话,那么与资源的情况一样,干部级别资源的分配看起来也是非常不合理的。如同上面提到的,同样的一个乡镇长,有的是处长级,有的就是科长级。再譬如说,在同一个城市里,某单位全员编制四十多人,是一个正厅级单位;而另一个单位,上上下下五万多人,也是一个正厅级单位,如此情况,似乎还不是个别现象。

还有个情况也是蛮有意思的。说干部有大小,是职位高低决定的。但是这也并不是说大干部就能干小干部的事情,而反过来不行。一个省长领导千千万万个乡镇,但是他未必能够干好一个镇长的工作。这样的情况也适用于某些具体的干部。某位领导干部有很好的综合分析能力,也有很好的语言表达能力,但就是不善于处理基层那些鸡毛蒜皮的事情。就这样的干部来说,他肯定当不好乡镇长,甚至村主任村支书,但是他可以在自己的位置上做得很好。

对公务员的分类是目前我国对干部最普遍、最常见的分类办法。这种由级别产生的分类具有很大的创造性,它可以将毫无关联的干部居于同一个标尺下。不管你是在“中央”还是在“地方”,不管是“天南”还是“海北”,不管是国企、央企、政府还是科研机构、高校,都可以拥有一个共同的名字。

干部的级别通常是和管理的范围大小有关,级别越高的干部,管辖的范围越广,管理的人员越多,涉及的事务层次越深,越具有全局性。同时,级别的高低也决定了身份、地位和权力。俗话说,“官大一级压死人”,级别低的干部服从级别高的,级别高的干部可以给级别低的下命令。

在哪儿都是干部

在基于级别产生的分类通用性之外,不同部门、不同层面的干部所开展的工作千差万别,这就引发了第二种分类思考:将“组织变量”的概念和原理运用到干部管理之中。

在1953年3月,中共中央出过一个《关于加强中央人民政府系统各部门向中央请示报告制度及加强中央对于政府工作领导的决定（草案）》的文件，其中，将各项工作归了归类，包括国家计划、政法工作（包括公安、检察和法院工作）、财经工作、文教工作、外交工作（包括对外贸局、对外经济、文化联络和侨务工作）和其他工作（包括监察、民族、人事工作），并分别安排了中央干部管辖。①

后来，出现过“归口管理”的做法，形成了俗称“九大口”的格局：党群口（工青妇、统战、民族等部门）、工交口（各工业部、铁道、交通、邮电、民航等部门）、财贸口（财政、商业、银行等部门）、农林口（农业、水产、林业、水利等部门）、计划口（计委、城建、统计等部门）、外事口（外事、侨务、台办等部门）、卫生口（卫生、计生等部门）、宣传口（教育、科技、文化、广电、新闻出版等部门）、政法口（公安、法院、检察院、司法、监察等部门）。

这些“口”里不仅包括了政府的各个部门，也包括了各级各类的事业单位、社会团体甚至国有企业。这实质上就是基于组织变量的“类”。尽管后来国家层面不再使用“口”的概念，但这些分类的痕迹依旧存在于组织结构之中，在某种程度上甚至还更加细化。

具体来说，主要的组织变量包括：性质，党政组织与学校组织、企业组织不一样；层级，同一个类型的组织，中央组织与基层组织不一样；规模，同样是企业，一个国有大中型企业与一个地方小型企业完全不能同日而语。

依此，就可以将不同组织的干部进行分类。在统战部门工作的干部在工作内容、工作对象和工作方式上和在卫生部门工作的干部有天壤之别，不同的组织属性也造就了干部的不同工作风格以及不同的工

① 资料引自“中国共产党新闻网”中“建国以来重要文献选编”。

作姿态。

在根据组织变量上分类的时候，我们也发现，在不同性质、不同规模的组织中，有些工作是类似的。例如，在体育局，有分管统战工作的干部，在卫生局也有，在教育局也有，在科委、建交委、人保局等也都有；再比如基建和财务，在交通部门有分管的干部，在卫生部门也有，在统计部门也有，街道也有；还比如，开展宣传方面工作的干部，在司法局有，在文化局也有，在城建局也有。有些工作是具有共通性的，在任何一个部门，多多少少都会涉及。一个在林业局负责外事的干部和在文化局负责外事的干部所开展的工作大同小异，可谓“在哪儿都是干部”。

基于这样的思考，我们也可以把干部分为诸如综合管理类、基建财务类、专业事务类、宣传教育类、党团事务类等。每一种类别的干部需要具备相近的学科背景、专业知识、工作经历，将专业与管理充分结合。

具体来说，综合管理类主要从事的是整个部门的总体规划、执行、协调的工作，如果是卫生局，就掌管卫生系统的综合管理事务；如果是文化局，就处理文化相关的综合管理事务，一般以正职行政干部居多，例如高校校长，对本校的高等教育进行综合管理，但也涉及学校基础建设、人事安排、学科学术、日常教育教学等工作。

基建财务类，则是在特定部门进行基础建设、资金使用、财务监管等工作。

专业事务类，是从事和整个部门主营业务有关的工作，例如教育局分管教育教学的、公安局主管刑事侦查的、体育局分管竞赛训练的等。

党团事务类，主要以党总支（支部）书记居多，尽管他们可能具备自身的专业能力，但从事的主要是党务工作，支持团队、工会等工作，开展主流价值观的宣传教育，以及协调和各民主党派的关系等。

往下看，你是干部，往上看呢

俗话说，某人多么位高权重，有所谓“一人之下，万人之上”的说法。其实，干部结构中也都是这样的情况，都是一种“X人之下Y人之上”的态势。

或许是受到“易有太极，是生两仪”观念的影响，又或许是朱熹“一分为二，节节如此，以至无穷，皆是一生两尔”的观念深深扎根，我们凡事都喜欢找个对立面来表达自我。人们在生活中运用“干部”这个词语时，也未必都具有清晰的群体指向性，常常采取一种相对性概念来覆盖其内涵，也就是通过定义其对立面来表现。与“干部”相对应的概念应该就是“群众”了。

从身份属性上，你或许已经被定义为干部，往下看，遍布的都是“群众”，享受着一呼百应的尊贵体验；但仰起头，往上看呢，你又何尝不被视为“群众”。这就是干部和群众的辩证存在，这和《道德经》里说的“有无相生，难易相成，长短相形，高下相倾，音声相和，前后相随”①是一个道理。即便从层级上明确地区分了干部和群众，同样可以从辩证法理论上找到“对立统一”的蛛丝马迹，任何事物都是一分为二的。

如果你是一个干部，你能够从这样的角度来找准自己的角色定位

---

① 《道德经·第二章》。

也是不无裨益的。有一位思想家说过这样的话:“如果你把你的属下都视为奴隶的话,那么在比你位高权重的人面前,你也会跪着说话的。”

所以要当好领导,首先要学会被领导。

毛泽东在《党内团结的辩证方法》一文中曾指出:“一分为二,这是个普遍的现象,这就是辩证法。”哲学上就是矛盾,矛盾就是对立统一,那么“干部”这个事物的对立统一就是“群众”。1955 年,毛泽东《在中国共产党全国代表会议上的讲话》中说:“事业是多数人做的,少数人的作用是有限的。应当承认少数人的作用,就是领导者、干部的作用。但是没有什么了不起的作用,有了不起的作用的还是群众。干部与群众的正确关系是,没有干部也不行,但是事情是广大群众做的,干部起一种领导作用,不要夸大干部的这种作用。”

毛泽东同志在很多场合充分展现了其深刻的辩证法思想,这一段对干部和群众的阐述就准确地分析了两者的矛盾关系。干部和群众就是一对矛盾,是对立统一的关系。从工作属性上来说,他们彼此间是有区别的,干部更多从事的是领导、管理、规划、资源配置的工作,群众在工作上处于被领导地位,执行具体指令、完成具体任务,这截然相异。但两者也是相互依存、相互影响、相互作用的,没有群众,就没人让你领导,就是“光杆司令”,也无所谓“干部”了;同时,群众也确实需要干部发挥引领、指挥作用,不然群龙无首、一盘散沙,也一事无成。

从哲学角度讲,既然是一对矛盾,就该有矛盾的主要方面和次要方面,毛泽东这段话的意思就是群众应该是矛盾的主要方面,因为“有了不起的作用的还是群众”。这也就是历史唯物主义“人民群众是历史的创造者”的群众史观。

但在实际生活中,往往过分关注了矛盾中对立的一面,将干部和群众视为两极的关系,而忽视了他们相互依存、相互作用的一面,就容易导致通常所说的“干群矛盾”或者“干群冲突”。“很多人对于官兵关系、军民关系弄不好,以为是方法不对,我总告诉他们是根本态度(或根本宗旨)问题,这态度就是尊重士兵、尊重人民。”[①]对于干群关系的总的宗旨问题、根本态度或者说理念问题,也是在干部选拔中一个重要的考量因素。

毛泽东同志对“群众”还做过几个形象的比喻,能反映出群众和干部的关系。他先是把人民群众比作“土地”,1945年,毛泽东从重庆回到延安后,在延安干部会议上所作的报告中说:“所有到前方去的同志,都应当做好精神准备,准备到了那里,就要生根、开花、结果。我们共产党人好比种子,人民好比土地。我们到了一个地方,就要同那里的人民结合起来,在人民中间生根、开花。”[②]党员也好,干部也好,只有到群众中去,和人民群众的思想和实践相结合,才可能“生根开花”。

毛泽东又在中共七大闭幕辞《愚公移山》中把人民群众比作“上帝”,他说:“我们一定要坚持下去,一定要不断地工作,我们也会感动上帝的。这个上帝不是别人,就是全中国的人民大众。”[③]把群众比作上帝,就是要相信群众,如同教徒信仰上帝一样。

这些比喻所揭示的关于人民群众的思考,构成了群众路线的主体内容,形象地展现了“一切为了群众,一切依靠群众,从群众中来,到群众中去”这样的群众路线的基本内涵。当然,还有一个更为常用的比喻,干部和群众的关系就是“鱼水关系”,干部是鱼,群众是水,水里可以没有鱼,但鱼离不开水。群众之于干部,就如水之于鱼。水是鱼的生命之源,群众就是干部的生命之源。

---

① 《论持久战》,载《毛泽东选集》(第二卷),人民出版社,1991年,第512页。
② 《关于重庆谈判》,载《毛泽东选集》(第四卷),人民出版社,1991年,第1162页。
③ 《愚公移山》,载《毛泽东选集》(第三卷),人民出版社,1991年,第1102页。

古今如出一辙,中国的哲学经典《道德经》被视为最早呈现朴素辩证思想的典籍,清晰阐释了官与民的辩证关系,在字里行间也常常透露为官为民的道理,并提纲挈领地提出:“圣人恒无心,以百姓心为心。”①同时,对干部的表现和结果做了综合性概括:

> 太上,下知有之;其次,亲而誉之;其下,畏之;其次,侮之。信不足焉,安有不信。悠兮,其贵言。功成事遂,百姓皆谓我自然。②

这里的意思是说,最好的统治者,人民并不知道他的存在;其次的统治者,人民亲近他并且称赞他;再次的统治者,人民畏惧他;更次的统治者,人民轻蔑他。统治者的诚信不足,人民才不相信他,最好的统治者是悠闲的。他很少发号施令,事情办成功了,老百姓说“我们本来就是这样的”。寥寥数语,干部与群众的关系昭然若揭。

干部确实是“多面人”

在大大小小的会议上,干部或多或少要“说几句”。群众在公众场合的讲演叫“汇报”“交流”“发言”,干部在公众场合的讲演叫“讲话”

---

① 《道德经·第四十九章》。

② 《道德经·第十七章》。

"指示"。从语义上说,讲话和发言大同小异,但在特殊的语境下,大家都默认了讲话就带有指导、布置工作的意思。此时此刻,席下群众聚精会神地耳听心受,干部的权威毋庸置疑。这是一张职业的面孔。

在职业面孔下,干部向大家展现的是他作为一个部门、一个区域或某一个专业领域领导者的责任和担当,用其专业知识和专业管理才能引领发展。其所说的话、所做的承诺,不仅仅代表其个人,也代表了他领导的那个团队的集体态度和决策结论,代表了他所管辖的那个领域的权威意见。他的讲话激情、严谨、掷地有声,但走下讲坛,他的内心也会对这些问题有着自己真实的思考和想法。这是他本来的面孔。

从理论上说,本来面孔是被允许的,并不是我们鄙视的"两面派"。因为按照组织原则,重大的决策主要采取民主集中制形式,在民主过程中是允许持赞成、反对或保留意见的各种观点,是允许有所保留的。但在集中决策后,对外的态度是一致的,是代表整个领导团队,甚至整个组织的态度。而具体到某一位干部,在民主集中的决策过程中,可能是意见的多数,也或许是少数,只不过在决策结果产生后,作为团队代表,干部表达的是集体决策的结果,可能就隐藏了他本来的面孔。

还有一张当然是生活的面孔,这是他的性格、脾气、兴趣、情绪、阅历、经验等要素的外化。干部在生活中也是普通一员,也要面临衣食住行、婚丧嫁娶等凡尘俗世的纷纷扰扰。在日常,他可能谈笑风生,也可能沉默寡言;可能多愁善感,又或许豁达开朗;可能枯燥乏味,也或许兴趣盎然……哪怕是奸恶的官吏,对家庭、子女也会有温情脉脉的一面。这是人的本性。

每个干部都可能有三张乃至更多张的面孔,这是人的个体性和社会性所决定的。我们无意从心理学层面讨论人的多重角色,但从干部的多重身份来看,在很多情况下也确实需要有多张的面孔。

干部拥有的“权力”不会是等量的

要扮演好干部的职业角色，履行相应的职能，必须依靠一定的权力来实现。这一点毋庸置疑，因此也无需回避权力这个敏感话题，甚至可以理直气壮地说，干部就是掌握权力的人。只是这权力到底是什么模样？又有多大？是需要考量一番的。

干部掌握的权力就是对所辖范围内的人、财、物进行配置的能力。例如，一个街道办事处主任，他经过一定的行政程序，可以选择将资金投入旧区改造，也可以购买监控设施加强街区技防，或者投入社区文化事业发展等；同样的道理，针对某个人员调配，可以安排某个科员在文教岗位工作，也可以安排他到招商引资部门工作；干部还可以对某位下属进行晋升、奖励、批评、惩罚，等等。

干部拥有哪些具体的权力？一般来说，包括决策权、指导权、命令权、执行权等。决策权是针对本部门掌控的领域范围，对所管辖范围内事务的决定权。例如，一个大学校长有权决定学校校舍维修、设备购买、聘请教师、部门内人员调配等事务。指导权是对部门内、领域内工作的指导，例如参与到下属的工作过程中、给下属的工作提出意见和建议等。命令权是指干部可以要求下属执行相应的指令以完成组织的任务。执行权是指干部根据上级指令或者法律法规来完成某项任务，而不受其他因素的干扰。诸如此类，都是干部具有的权力，至于如何行使,那是需要斟酌的。

权力有大小之分,层级高的干部掌握大的权力,统领整体工作,纵览宏观事务,决策全局;层级低的干部掌握小的权力,管理中观微观事务,把握局部。从横向上,权力还有范围之分的。有些干部掌握的是经济权力,左右经济态势;有些干部掌握的是人事权力,部署人员职责……而这纵向和横向的权力又是纵横交错的。研究干部选任问题一定程度上就是在研究如何将特定的权力交付给合适的人,如何将更大的权力交托于更合适的人,以及把权力交托给适合的人的最合理的规则问题。

由于干部的岗位大都涉及公共事务的管理,因此其权力具有双重指向性,一方面是指向社会的某个群体甚至整个社会成员;另一方面指向组织或部门内部。无论哪个指向,都带有一定的强制性。事实上,任何一种权力都具有强制性。马克斯·韦伯认为:"权力意味着一种社会关系里哪怕是遇到反对也能贯彻自己意志的任何机会,不管这种机会是建立在什么基础之上。"①不同之处在于,这种强制性是建立在威胁、利诱、职位权威还是个人权威的基础上,还在于掌握权力的人要在多大程度上实现这种强制性。

当然,干部的权力并不是无限膨胀、为所欲为的。干部的权力始终具有一定的局限性。首先是掌权者本身对权力的认识和实际运用是有局限的,必然服从于整个社会的政治体制。例如,在封建王朝中,作为地主阶级的工具,权力主要是为维护他们的利益而存在和运行的;而我国现阶段的国家性质是人民民主专政,权力的运行和目的是服务广大人民群众。通俗地说,就是哪个阶级掌权,就为谁服务;再伟大的君王

① [德]马克斯·韦伯:《经济与社会》(上卷),商务印书馆,1997年,第81页。

也无法逃脱自身的历史局限性。

权力运行方式也是有限的。例如,两党制和多党制下的权力运行方式就存在着巨大差异。“三权分立”格局下和“君主立宪”格局下的权力运行也不同。

干部的权力还存在着作用范围的局限性。大学校长有权决定是不是要进行校舍维修,但没有权力决定高考招生的办法,这是由更高层面的干部们决定的,尽管他可能对此拥有一定的建议权和影响力。

还有一种局限性体现在不同部门及其代表的干部运用权力中,相互作用,也相互影响,但终究是互相独立,互不干涉、各司其职的。这也是权力运行最基本的规则,即权力的边界问题,其依据着所处的社会性质和制度体系展现出不同的状态。比如,人保局制定的事业单位绩效工资分配的政策会直接影响到区域内事业单位人员的工作状态及整个单位的运行态势;其他部门的干部无法决定这样的政策制定,但可以通过正式或非正式的沟通渠道来影响政策的制定。

当然,从干部自身的角度来看,其实也一定要有一个主观上的“清醒”,即要非常清醒地认识到自己权力的“有限性”。这种有限性一是权力本身的有限性,直白些说,不要以为当了干部就可以做任何事情,有好多事情是做不了的或者是不应该做的。二是一个人知识的有限性。一位干部要决策,要发号施令,除了确定是其职权范围以内的,还要有做出这个决策、发出这个号令的必要的知识基础。但是任何个人的知识储备都是有限的。

第二章　我们需要什么样的干部

干部需要具备“十八般武艺”

匡扶社稷需要人才，任何一项事业都需要实践的骨干和行动的领导者，干部在整个社会发展中的作用是毋庸置疑的。我国自古就有“得人心者得天下”的说法，更有“人存政兴、人亡政息”的古训。“是故国有贤良之士众，则国家之治厚；贤良之士寡，则国家之治薄。故大人之务，将在于众贤而已。”[①]意思是说，国家中贤良能干的人多，国家治理成效就显著；反之，国家治绩就小。所以王公大人最重要的工作，就是让贤人增多。这里说的贤良之士，用现代语言来说，就是优秀干部。也就是说，优秀干部的多少和国家的荣辱兴衰存在直接的因果关系。这和今天我们对干部的认识完全一致。

干部备受器重，因为我们指望他“三头六臂”，十八般武艺，即便不是样样精通，也至少要件件皆能。

第一，干部必须是事业的推动者。

“不积跬步无以至千里”，事业再伟大、再惊天动地，总是点点滴滴的辛勤付出累积起来的。干部，首先是组织中的一员，执行的是发挥组织功能的任务。从这个角度来看，干部未必是具体的实践者，但他必须是事业的推动者。例如，医院的院长未必是个医生，但他需要用那种推

---

① 《墨子·尚贤上》。

动者的精神承担治病救人的责任;越剧团团长未必是个越剧演员,他不一定亲自登台演出来用艺术装点社会文化生活,但他必须是弘扬越剧艺术的推动者。当然,除了这些有具体行业特征的部门,还有些政府部门的干部,从事的就是行政管理工作,就像卫生局、科委、教委、商委等的领导,管理既是他的实践行为,也是他的推动责任。“以身作则、率先垂范”,一个好的干部首先应该是一个好的实践者。伟大的乔布斯不仅是杰出的企业家,更是划时代的发明家,他用自己的创造改变了世界。

第二,干部必须是人民的服务者。

《中国共产党章程》第六章第三十五条明确规定:“党的干部是党的事业的骨干,是人民的公仆。”“全心全意为人民服务”一直是中国共产党的根本宗旨,权力是人民赋予的,干部理应为人民着想,服务好人民,人民也就心悦诚服,衷心拥戴。邓小平同志指出:“领导就是服务”,为谁服务?是为群众、为老百姓服务。毛泽东同志说:“我们共产党人区别于其他任何政党的又一个显著的标志,就是和最广大的人民群众取得最密切的联系。全心全意地为人民服务,一刻也不脱离群众;一切从人民的利益出发……”①

孟子有云:“桀纣之失天下也,失其民也;失其民者,失其心也。得天下有道:得其民,斯得天下矣;得其民有道:得其心,斯得民矣……”②夏桀、商纣之所以失去天下,是因为失去了百姓的支持;他们之所以失去百姓,是因为失去了民心。取得天下是有一定规律的,得到百姓,就会得天下;得到百姓也是有一定的规律,得到百姓的心,就会得到百姓的拥护。“得民心者得天下”,做好人民的服务者就是得了民心,自然就

---

① 《论联合政府》,载《毛泽东选集》(第三卷),人民出版社,1991年,第1094页。

② 《孟子·离娄上》。

能治理好一方水土。

第三，干部必须是组织的管理者。

管理是干部的重要职责，管理是一门专门的学问，具体到各个领域又有细分：公司里的管理叫企业管理，公共部门的管理叫行政管理，整个国家与社会的管理叫社会管理；针对人才的管理叫人力资源管理；针对居民宅院的管理叫物业管理，等等。管理，就是“通过计划、组织、指挥、协调、控制及创新等手段，对组织所拥有的人力、物力、财力、信息等资源进行有效的决策、计划、组织、领导、控制，以期高效地达到既定组织目标的过程”①。我们还能检索到其他的管理定义，大同小异，简单理解，就是采取一定的方式，对人、财、物实现有效调配，也是干部直面的日常。干部需要运用最有效的策略，最合理的资源配置，那就需要具备管理这个领域相对专业的知识和能力。

第四，干部必须是政策的执行者。

干部存在于各个层面，以行政级别来说，从国家级、省部级到县处级，每个级别都有大量的干部；以具体职务来说，从国家主席、总理、各部委的部长、主任到各省市自治区人大主任、省长、市长，每一个职务就有一名干部。我们有时候会把管理系统比喻为人的大脑，每一个干部就好像大脑神经元，他们之间有着广泛而复杂的联系，往往是“牵一发而动全身”的。政策从出台到落地需要经过各个层面，不同部门的干部层层分解、层层细化、层层落实。因此，干部就是政策的执行者，是把政策内容从理想变为现实的关键，干部对政策的解读、分析、本土化直接影响了其预设效果的达成度。

---

① 参见孙永正：《管理学》，清华大学出版社，2007年。

第五,干部必须是前进方向的指引者。

作为整个权力系统中的环节,干部的作用不仅仅是上级政策的执行者,同时也是政策的制定者。因此从某种角度说,从担任干部的那一刻起,就有了引领社会、指引方向,甚至改变世界、流芳百世的机会。任何一个干部都要努力成为美好社会的创建者、方向的引领者。某一个领域事业的发展方向与干部所制定的规划、政策、措施直接关联。过去毛泽东说:"中国共产党是在一个几万万人的大民族中领导伟大革命斗争的党,没有多数才德兼备的领导干部,是不能完成其历史任务的。"①现在习近平也多次强调,我们这样一个有着近九千万党员的大党,必须有一个坚强的领导核心。没有党中央的核心、全党的核心,就没有党中央的权威和集中统一领导,就会导致各自为阵、各自为政,那就什么事情都干不成。②

《史记·乐毅列传》中这样描写乐毅:

> 於是燕昭王问伐齐之事。乐毅对曰:"齐,霸国之馀业也,地大人众,未易独攻也。王必欲伐之,莫如与赵及楚、魏。"於是使乐毅约赵惠文王,别使连楚、魏,令赵嚪说秦以伐齐之利。诸侯害齐湣王之骄暴,皆争合从与燕伐齐。乐毅还报,燕昭王悉起兵,使乐毅为上将军,赵惠文王以相国印授乐毅。乐毅於是并护赵、楚、韩、魏、燕之兵以伐齐,破之济西。

---

① 《中国共产党在民族战争中的地位》,载《毛泽东选集》(第二卷),人民出版社,1991年,第526页。

② 参见《习近平新时代中国特色社会主义思想学习纲要》,学习出版社、人民出版社,2019年,第72页。

当燕昭王向乐毅询问关于攻打齐国的事情时，乐毅作为燕国的高级干部，对局势进行了准确预判，建议联合赵国以及楚国、魏国一起攻击。正确的方向指引直接导致了战争局面的转变。古今中外，类似的例子比比皆是，这就是所谓英雄在历史中的作用，在一定程度上推进着历史的滚滚车轮。

第六，干部必须是各种关系的协调者。

干部掌握着权力，享受着权威和仰视。但干部也有烦恼，为了让管理流畅高效，他不得不协调各种关系，包括所代表的部门和同级部门之间的关系；还有和上级干部、同级干部以及下级干部之间的关系，有时候还要帮助协调下级之间的关系。协调好各种关系是干部的必修课。陈寿在《三国志》中记载了这样一段情节：

> 羽闻马超来降，旧非故人，羽书与诸葛亮，问“超人才可谁比类”？亮知羽护前，乃答之曰：“孟起兼资文武，雄烈过人，一世之杰，黥、彭之徒，当与益德并驱争先，犹未及髯之绝伦逸群也。”羽美须髯，故亮谓之髯。羽省书大悦，以示宾客。①

马超和关羽后来都被称为“五虎上将”，勇冠三军。此时，刘备势力正蓄势待发，酝酿着大展身手，雄霸一方，需要同心同德。关羽作为旧部，为人又心高气傲，听闻器重马超，便心生了嫌隙。为了让下属诸位猛将齐心协力，诸葛亮就需要协调他们之间的关系。对于关羽略显质疑地询问马超才能的问题，先是把他归为和张飞（益德）一类，已经暗含了不及关羽的意思，又知道关羽“美须髯”，就顺势夸他的“绝伦逸群”。

---

① 《三国志·蜀书·关张马黄赵传》。

这样的协调尽管未必能让他俩情同手足,至少不会心生芥蒂。

干部只是整个权力网络中的一个节点,他的工作实施不得不依赖于上级和其他部门提供的资源。例如,街道要做好环境整治,就需要环卫部门的协助;教委要新建校舍就需要建交委的配合,如此等等。协调好和相关部门的关系也显得尤为重要。

从“百里挑一”到“万里挑一”

综览历史长河,干部选任一直是治国安邦的重要环节。古代皇帝动辄颁布诏书让各地荐贤,有时还组织殿试,亲自审视,可谓用心良苦。随着社会发展,干部对社会资源的控制权越来越强大,官员的选拔,从“百里挑一”到“万里挑一”,层层选拔,层层筛选,反复酝酿人选、听取意见,千挑万选。

为什么如此谨慎?因为有各种前车之鉴,用人不当,误国误民。战国时期就有非常典型的例子——“纸上谈兵”的赵括。尽管他“自少时学兵法,言兵事,以天下莫能当。尝与其父奢言兵事,奢不能难”,看似雄才大略,但其母从一些细节上就判断出他不能统帅三军:“今括一旦为将,东向而朝,军吏无敢仰视之者,王所赐金帛,归藏于家,而日视便利田宅可买者买之。”可惜赵王没有听取最了解他的人的意见,执意让他领兵拒敌。

赵括既代廉颇,悉更约束,易置军吏。秦将白起闻之,纵奇兵,详败走,而绝其粮道,分断其军为二,士卒离心。四十馀日,军饿,赵括出锐卒自搏战,秦军射杀赵括。括军败,数十万之众遂降秦,秦悉坑之。赵前后所亡凡四十五万。[①]

就是因为选人用人失误,致使赵国四十五万军将丧命,损失惨重,几乎亡国。这样的案例一次又一次的重演,也警示着领导,选人用人实在事关重大,务必慎之又慎。这种谨慎,在目前的干部选任中至少体现在三个方面:

首先,是环环相扣的选任程序。

程序就是为规范特定行为而设计的,具有一定约束性。在日常工作中,无时无刻不渗透着程序,其外在表现就是工作的方针和步骤,有先后次序,有任务要求,有目标达成。有了合理的程序,才能协调高效;有了规范的程序,才能满足细节管理的需要。所有的规则制订中必然都包含了程序,程序是规则的生命。程序让整个选任过程规范有序,公正合理,也防微杜渐。由于程序一般由一个个阶段构成,有分阶段的任务、目标、要求和达成状态。因此在实施过程中需要一定的时间,也体现其规范性、严肃性。

从当下干部的选任来看,《干部任用条例》中明文规定了五个环节以及各个环节的具体工作,见下表:

① 《史记·廉颇蔺相如列传》。

动议阶段	启动
	分析研判
	提出初步建议
	报告
	形成方案
民主推荐阶段	推荐会
	个别谈话推荐
	综合分析
	汇报
考察阶段	制订方案
	沟通方案
	发布预告
	实施考察
	作出评价
	反馈情况
	报告结果
讨论决定	讨论前酝酿
	会议讨论决定
任职阶段	任前公示
	任前谈话
	试用期
	正式任用

也就是说，假设一切顺利，从启动干部选任程序到上任一共要经历二十二个环节，其中任何一个环节出问题，都可能徒劳无功，推倒重来。程序的把握是一种理性选择的结果，也展现了对干部工作的重视。

其次，是让更多的人发表意见。

选拔干部的慎重还表现在整个选任过程的涉及面广，力求让更多的相关人员能够发表意见。从《干部任用条例》上看，所有过程中不仅涉及主要领导成员、组织（人事）部门，对选用不同职务，还涉及不同的人员。例如，在民主推荐过程中，如果是领导班子换届，就会涉及“党委成员、人大常委会、政府、政协党组成员或者全体领导成员、纪委领导成员、人民法院、人民检察院主要领导成员、党委工作部门、政府工作部门、人民团体主要领导成员，以及下一级党委和政府主要领导成员”。如果是个别提拔任用，就会涉及“本部门领导成员、内设机构领导成员、直属单位主要领导成员”，“还可以吸收本系统下级单位主要领导成员参加”等。涉及人员范围大、人数多。

最后，就是高标准、严要求。

包括工作人员水准高、材料撰写要求高、纪律和监督要求严。例如，考察环节中工作人员要“具有较高素质和相应资格。考察组负责人应当由思想政治素质好、有较丰富工作经验并熟悉干部工作的人员担任”。同时，党中央提出“四必”之要求，即做到干部个人报告事项“凡提必核”、干部档案“凡提必审”、信访举报“凡提必查”、纪检监察机关意见“凡提必听”。通过这样的“四必”，有效地堵住了带病提拔的漏洞。

精挑细选的过程力求保证选人用人的质量，尽管这样的繁复程序可能产生一些效率低下的问题，但总体上还是规范了干部的选任工作。

时势造就干部

有道是，时势造英雄，而时势也造干部。

任何一种干部选任制度都是统治阶级维护统治的策略，又和不同历史时期的社会状态密切相关。回顾我国历史，粗略看一下大势对于选拔干部的重大影响，或者说，大时代是如何造就不同干部的。

中国选官制度的起点比世界各国都要领先，战国时期秦的商鞅变法，就开启了选拔官员的制度建设之路。商鞅变法其中一项内容就是建立了按军功赏赐的二十等爵制度，就是把爵位分为二十级，以赏军功。《史记》记载，商鞅提出"有军功者，各以率受上爵"①；《汉书》也记载："商君为法于秦，战斩一首赐爵一级，欲为官者五十石"。通俗地说，秦国的士兵只要斩获敌人"甲士"一个首级，就可以获得一级爵位（公士）、田一顷、宅一处和仆人一个。斩杀的首级越多，获得的爵位就越高。证据就是敌人的首级，所以在胜利后，必须把敌人的头颅砍下，回营作证。其效果是明显的，就如《汉书·刑法志》评论说的："功赏相长，五甲首而隶五家，是最为有数。"那些奋不顾身，醉卧沙场的将士就有机会被提拔，秦国在这样鼓励战功的机制下日渐强大，最终统一六国。

从官员提拔的机制就能看出秦国造就了什么样的官员。既然唯有

---

① 《史记·商君列传》。

上阵杀敌才能封侯拜相,那"骁勇善战"就是选拔官员的主要标准。马克思恩格斯两位老先生在阐述他们历史唯物主义思想时,一再告诫我们,不要光顾着看历史故事,要寻找现象背后的原因。战国时期,产生"骁勇善战"选拔标准背后的原因之一就在于国家统一的强烈愿望。春秋伊始,诸侯割据,战火连绵,生灵涂炭,只有一统江山才能让老百姓安居乐业。统一需要武力,于是就出现了论功行赏的选拔机制,也就出现了对"骁勇善战"品质的重视。

秦朝短暂辉煌后湮灭的原因错综复杂,仅以官员的选拔制度来看,国家都已经安定稳固了,再以打打杀杀的方法来选拔官员,选拔出来的都是些有勇无谋的人,何以国富民强。正所谓,"乱世掌权靠武力,太平盛世动脑子"。其实这个道理在秦朝灭亡之后就开始被重视了,《史记》记载了一段陆贾的故事:

> 陆生时时前说称《诗》《书》。高帝骂之曰:"乃公居马上而得之,安事《诗》《书》!"陆生曰:"居马上得之,宁可以马上治之乎?且汤武逆取而以顺守之,文武并用,长久之术也。昔者吴王夫差、智伯极武而亡;秦任刑法不变,卒灭赵氏。乡使秦已并天下,行仁义,法先圣,陛下安得而有之?"①

这就是著名的"可马上得天下,不可马上治天下"的原典。所谓"马上得之",就是通过武力得到的天下,汉高祖对于《诗》《书》颇为不屑。陆贾的进谏可谓"一语点醒梦中人"。刘邦就要比前朝皇帝有悟性,虽然听了这话略有"不怿",心下还是觉醒的,才会"有惭色"。于是,他开

① 《史记·郦生陆贾列传》。

始思考怎么才能选好人,用好人,让国家长治久安。《汉书》记载,在十一年二月,刘邦下了诏书,曰:

> 盖闻王者莫高于周文,伯者莫高于齐桓,皆待贤人而成名。今天下贤者智能,岂特古之人乎?患在人主不交故也,士奚由进!今吾以天之灵、贤士大夫定有天下,以为一家,欲其长久,世世奉宗庙亡绝也。贤人已与我共平之矣,而不与吾共安利之,可乎?贤士大夫有肯从我游者,吾能尊显之。布告天下,使明知朕意。[①]

大致的意思是说,像周文王、齐桓公这样的王者都是依靠贤人辅佐而成名的,当今天下的贤才智能之人决不会比以前少,刘邦已经一统江山了,希望各位贤才能齐心协力让帝业天长地久,并且承诺,只要贤士大夫能同心治国,一定给予高官厚禄。

是不是得到陆贾提醒,刘邦才昭告天下,招贤纳士,我们不得而知。但客观地说,他开启除了战功以外,选拔官员的另一条思路,是具有划时代意义的。之后在汉惠帝、吕后执政期间,都对"孝弟(悌)力田"者有嘉奖。《汉书》记载:"二月,赐民爵,户一级。初置孝弟力田二千石者一人"[②],对孝敬父母、关爱兄弟、努力耕田的老百姓都加以封赏,有了官职俸禄,谁还愿意和朝廷作对,放着好日子不过,去拼死拼活。在传统农业社会中,鼓励入孝出悌、男耕女织对于稳定和发展具有极其重要的意义。

这种将道德品行和官职联系起来的策略至少有两项好处:一是有助于倡导全社会良好的道德风尚,全社会尊老爱幼,母慈子孝,阖家幸

① 《汉书·高帝纪下》。
② 《汉书·高后纪》。

福，满满的正能量；二是有助于打通统治阶级和被统治阶级之间的渠道，让老百姓看到了参与政治、掌握权力的可能性，提升了整个政权体系的流动性，所谓“户枢不蠹，流水不腐”，阶层之间有限度的流动实现了权力在不同阶层间的平衡，有助于稳定整个政治体系。到后期，栋榱崩折的原因之一也是通道被权贵阶层把持，“交通阻塞”了。

当然，经史学家们鉴定，正式建立选拔官员察举制度，是在汉文帝时期。汉文帝是一个有自律精神的人，他主动颁发诏书“及举贤良方正能直言极谏者，以匡朕之不逮”①。

到汉武帝时，察举制度就日渐完备。刘彻一登基就“诏丞相、御史、列侯、中二千石、二千石、诸侯相举贤良方正直言极谏之士”。没过多久，又颁诏要求：“初令郡国举孝廉各一人。”不久，发布了一篇长长的诏书：

> “……深诏执事，兴廉举孝，庶几成风，绍休圣绪。夫十室之邑，必有忠信；三人并行，厥有我师。今或至阖郡而不荐一人，是化不下究，而积行之君子雍于上闻也。二千石官长纪纲人伦，将何以佐朕烛幽隐，劝元元，厉蒸庶，崇乡党之训哉？且进贤受上赏，蔽贤蒙显戮，古之道也。其与中二千石、礼官、博士议不举者罪。”有司奏议曰：“古者，诸侯贡士，壹适谓之好德，再适谓之贤贤，三适谓之有功，乃加九锡；不贡士，壹则黜爵，再则黜地，三而黜，爵、地毕矣。夫附下罔上者死，附上罔下者刑；与闻国政而无益于民者斥，在上位而不能进贤者退，此所以劝善黜恶也。今诏书昭先帝圣绪，令二千石举孝廉，所以化元元，移风易俗也。不举孝，不奉诏，当以不敬

---

①《汉书·文帝纪》。

论。不察廉,不胜任也,当免。"奏可。[①]

听这口气,这次刘彻已经怒不可遏了,原因是朝廷一而再、再而三地要求举孝廉,居然有些地方一个孝廉都不推荐。于是就决定参照古代做法来制订奖惩措施。至于真的是有人禀奏建议实施如此严厉的奖惩尺度,还是他将自己的想法托近臣之名发表出来,并不重要,可见的是他对这项工作的重视。

"孝"是指孝敬父母,"廉"是指清正廉洁。让地方上推荐生活中孝敬父母、工作上清正廉洁的人出来为官,对于官员的标准一目了然了。同时,所推举贤良,若是陈说申不害、商鞅、韩非、苏秦、张仪的言论,淆乱国政,请一律罢去,思路很清晰,不是儒学出身的都不取。这种导向就营造了全社会"独尊儒术"的学风,后来董仲舒的应策正巧迎合了武帝心意。

当时通过被举孝廉入仕的人还真不少,王吉、王骏、龚胜、张衡都被推举为孝廉。还有后来叱咤风云的曹操,"年二十,举孝廉为郎,除洛阳北部尉,迁顿丘令,征拜议郎"[②]。二十岁时就被举为孝廉做了郎官,可谓少年得志;刘备的爷爷也是举孝廉做的官,"先主祖雄,父弘,世仕州郡。雄举孝廉,官至东郡范令"[③]。在安定团结的气氛下,选拔德行高尚、学识渊博、明达法令的人才为朝廷所用,也是大势所趋。

到了魏晋时期,察举制已为门阀士族所操纵和利用,产生了种种腐败现象,也无法满足地主阶级参与政治的愿望。在这样的历史背景下,魏文帝曹丕采纳了陈群的意见,推行了九品中正制的选官制度:在朝官

---

① 《汉书·武帝纪》。

② 《三国志·魏书·武帝纪》。

③ 《三国志·蜀书·先主传》。

中推选有声望的人担任各州、郡的"中正官",负责察访本地士人,按其才德声望评定九个等级(上上、上中、上下、中上、中中、中下、下上、下中、下下),然后根据士人的品级,向吏部举荐。吏部依据中正的报告,按品级授官。中正官品评的主要有三项:家世、行状、定品;其评判标准围绕家世、道德、才能开展。门第成为举足轻重的因素,选拔出来的官员也必然家世显赫,钟鸣鼎食。只是此后的三百年间,出现了"上品无寒门,下品无势族"的局面,我们只能满怀悲哀地感慨:那还真是个拼爹的时代。

也正是由于九品中正制以及之前的察举制都存在严重的人为因素,容易徇私舞弊,既不能满足庶族地主阶层的政治诉求,也无法实现加强中央集权的意图,到了隋文帝时代,就启用了分科考试的方法选拔官员。至隋炀帝时,始建进士科,科举制形成。这是一次重大的改革,而且相当成功,营造了一个相对公平的竞争环境。科举制在唐朝达到鼎盛,一直延续到清末,其生命力之顽强,影响之久远,足以令我们对短暂隋朝的几位帝王刮目相看。

科举延续了数百年,科目变化并不大,常科的科目有很多,例如明经,就是通晓儒家经典学说;明法,就是考关于法令的知识;进士,就是就特定的题目创作诗、赋等;明算,就是数学……有时,皇帝还根据时局变动临时设立一些科目,有贤良方正直言极谏科、文辞清丽科、博学通艺科、武足安边科、军谋越众科等百余种。这些科目和我们今天的学科设置有类似之处,区别在于当时只考一科,有时候数科联考,而且科目的学科性比较弱,不具备完整的学科框架和知识结构。[①] 在这种选拔制

---

① 从中我们能发现,朝廷是根据类别来选拔官员的,例如明法是考察关于法令的人才,武举就是选拔武艺超群的人才。其总体上是依据类别来开展的,这也是当前干部选任工作值得借鉴的地方。

度下,中国历史上涌现了无数的杰出人才,也充分体现了其存在的合理性。

此外,在一些特定的历史时期,也会产生特定的干部需求。例如,中国共产党第一任总书记是陈独秀,这个后来犯了严重右倾投降主义错误,致使革命遭到惨重失败的人,在当时可是声名显赫的时代弄潮儿。党史上有“南陈北李,相约建党”的说法,“北李”是李大钊,“南陈”就是陈独秀,他在上海建立了中国共产党的党支部。在党的初创时期,选择这样一位高举民主科学旗帜的新思想传播者为中央局书记,再合适不过了。事实也证明,他确实为中国共产党建党早期的发展壮大和工人运动的发展做出了杰出的贡献。

新中国成立后,新组建了大批各级各类政府部门,就需要配备干部。革命成功不久,对于政治性、革命性的追求持续发酵,并达到了空前的高度,大量的工人、农民等“出身好、血统正”的人进入干部行列。

“文革”之后,1982 年开始逐步规范了老干部离退休制度,再一次需要大量干部,而“文革”对于知识的冲击又致使人才匮乏,加之此时国际国内形势的发展,对于知识、能力的要求成为重要的标准,教育程度高、学历高的人得到重用,年轻有为的人得到了更多为官从政的机会。

不同的历史时期,面对不同的社会问题,执政者会有针对性地设定选拔任用制度,用历史观点去剖析,还是显而易见的。

有些素养,千百年来是不变的

时代造就人,时代更造就干部,特定的历史背景让具有特殊身份和才能的人走到前列。同时,我们也发现,有些素养,是千百年来不变的标准,圣君、明君、昏君、暴君乃至于当今我们的高层,实际上都会偏爱这样的干部:

一是,组织忠诚度。

这是任何一个时代当权者对干部的基本要求。《战国策》里写“昔者子胥忠其君,天下皆欲以为臣”[①];《史记》说“忠臣不事二君”[②],大体意思相近,就是臣子要对君主忠心。凡是效忠君主的,天下所有的君主都希望搜罗到门下,可见对“忠”是无条件追求的。哪怕是不计后果、不权衡利弊,只知道按照命令去做某事的“愚忠”,也只是后人事不关己的评价,至于到自身的时候,谁都希望臣子能无条件地服从和忠心于自己。“忠君”又常常和“爱国”联系在一起,所谓“忠君爱国”;岳母在岳飞背上刺的也是“精忠报国”,古代君和国是一体的。《宋史》记载了一段文天祥的事迹:

① 《战国策・秦一・陈轸去楚之秦》。
② 《史记・田单列传》。

> 厓山破，军中置酒大会，弘范曰："国亡，丞相忠孝尽矣，能改心以事宋者事皇上，将不失为宰相也。"天祥泫然出涕，曰："国亡不能救，为人臣者死有余罪，况敢逃其死而二其心乎。"①

文天祥被捕后，弘范说："丞相的忠心孝义都已经尽到了，若能改变态度像侍奉宋朝那样侍奉大元皇上，将不会失去宰相的位置。"但文天祥说："国亡不能救，作为臣子，死有余罪，怎敢怀有二心苟且偷生呢！"

一直到至元十九年(1282)，元朝召见他，问他愿望时，他依旧是这个态度，说："天祥受宋恩，为宰相，安事二姓？愿赐之一死足矣。"②也正是由于文天祥如此忠君爱国，连元朝皇帝也不忍杀他。

春秋战国如此，秦汉如此，唐宋亦如此，任何一个时代，官员忠诚的心迹总是为人颂赞。延伸至今，就是对于组织的忠诚，更多采用"尽忠职守"的意思。尽忠，是对于国家的忠心和热爱；职守，是对于本职岗位的尽责。

二是，规则和秩序意识。

干部的工作就是调配资源，这依赖于不断建立、维护、完善或者改变规则和秩序。这也是千载不变的干部素养：致力于社会从无序到秩序，从混沌到规则的进程，以此来推进整个社会的发展。根据经典马克思主义理论，经济基础和上层建筑需要不断适应，官员从事的工作主要就是运用各种制度、政策、方法、策略实现对不断变化的经济基础和各种社会条件变化的应对。

追求规则和秩序，包含着两个相反的行动方向，一个方向是维护，一个方向是改变。通俗地说，就是保守和改革。尽管出发点不同，但崇

---

①② 《宋史·列传·卷一百七十七》。

尚的都是规则和秩序。

我们熟悉的“商鞅变法”，是战国时期规模最大、内容最全的国家层面改革。从行政区划、户籍管理、土地所有制到度量衡、法律，废除了原有的规则和秩序，建立了新的规则和秩序，让秦国的行政管理制度焕发出活力，逐步强大起来。其首倡者商鞅，也成为历史上最著名的改革派干部之一。[①] 还有管仲、李悝、范仲淹、王安石、张居正等，都是提倡在国家的各个方面进行综合改革的干部。

也有些干部是从某一个领域入手“追求规则和秩序”的，也就是从自己所掌管的部门来实现这一目标。唐朝宰相刘晏在经济领域，采取了一系列措施，改革漕运、改革盐政、改革粮价，通过建立合理的规则，让安史之乱后千疮百孔的唐朝逐步走出低谷，财政恢复好转。[②]

改革派追求规则和秩序的目标一目了然，印象深刻。其实，保守派看似稳妥、迂腐、迟缓、守旧，但他们维护的同样是规则和秩序，形式上的差异并没有掩盖同一的本质。现在看来，改革与保守，孰优孰劣，应还不能一概而论，该改革的时候要改革，该保守的时候要保守，这才是王道。

三是，良好的道德基础。

良好的道德基础从来就是为官者的一般性条件。在我国古代，有所谓“作之君作之师”的逻辑，其影响之深远，已经成为我国政治文化的要义。

这点毋庸置疑，干部是社会的佼佼者，是道德、能力、行为等几乎所有方面的社会楷模，千百年来，无论是干部选拔机制，还是社会普罗大

---

① 参见《史记·商鞅列传》。
② 参见《新唐书·列传·卷七十四》。

众，都将其视为重要尺度。我国最为古老的选官制度察举制，就开创了重视道德品行的先例。察举制实质上就是“推荐”加“考试”的人才选拔制度，而推荐的要求就包括孝廉、茂才、察廉、贤良方正、直言极谏、光禄四行（质朴、敦厚、逊让、节俭），等等，都是从道德层面开展的。在后来的九品中正制中，中正官考察的内容之一就是“行状”，相当于品德评语。这些都可见在选官任官中对于道德的看重。从某种意义上说，道德素养几乎是为官的敲门砖了，现在的所谓“一票否决”大多也就是从这个角度考虑的。关于这个问题，这里无须宏议，稍后也还会有所涉及。

第三章　干部选任路线图

先给你看看路线图的总览——

分析研判和动议 → 民主推荐 → 考察 → 讨论决定 → 任职

这是一张干部选任路线图，当上个干部还真不容易，茫茫人海，芸芸众生，为什么是你，又需要经历怎样的“九九八十一难”，才到达成功的彼岸。在这一章中，我们就来审视一下现阶段选任干部的基本步骤。你只有通过这样的步骤，才能跨上干部的阶梯。

站在选人用人的角度，群众也好，领导也好，一般心中都会有一个标尺，针对某个职务，究竟谁会比较合适，一般来说，这种标尺会从以下角度来设定：

首先，能不能摆平。

这是基于组织稳定的视角，需要做这样的考虑。我们没有做过精确的统计，可能也无从做这样的统计，在诸多的人事变动、干部选任中，究竟有多少是出于保持组织稳定和正常运作的需要，但这确实是一项让领导头痛的动议缘由。一个组织、一个部门，连最基本的稳定都无法实现，发展无从谈起。坊间有“摆平就是水平，搞定就是稳定，无事就是本事”的说法，尽管这只是低层次的组织生存需要，从管理要求上来看，组织不仅仅要“无事”，更需要“搞事”，把事业做强、做大，做对、做好才是长久之计,但前提还是稳定,还是要“无事”。

组织不稳定,干部摆不平,一般有党政不和、班子不团结、干群矛盾、群众矛盾等多种情况和类型。对于这样的组织和干部,选任的主要立足点在于发现症结所在:究竟是干部的问题,还是群众的问题;究竟是党政主要领导的问题,还是副职的问题;究竟是工作态度的问题,还是工作水平的问题;究竟是能力问题,还是品行问题。

有一些是容易鉴别的,特别是涉及干部擅用公权力,甚至违法乱纪的问题,已经触犯党纪国法,通过司法途径对个人予以法律制裁,再调整干部配置。如果是水平问题引发的矛盾,就需要通过转换岗位和职务,扬长避短来解决。如果是态度和方式问题,包括不注意独断专行、官僚主义等作风问题,可以先通过批评教育、学习改进,如果劳而无功,那就是要动议调整干部了。

但有的时候,班子不团结,党政不和很难分清孰是孰非,俗话说“家家有本难念的经”,每个组织也都有自己的困难和纠结。说得玄乎一点,叫“八字不合”“命理相冲”,用西方星相学也会有一番解释。实质上就是由于工作方式、视角、风格等因素的差异造成的观点和做法不同,也可能是嫉贤妒能心态作祟,彼此倾轧。

这时,选任干部、重新配备的目的就是稳定组织、团结队伍,基本出发点自然就是能不能恢复组织的和谐与稳定。对于干部人选考虑的出发点可能更多的是稳健、协调力、亲和力、民主作风、谦和、敦厚等。这些品格都有助于重新聚合团队力量,有助于凝聚人心。

其次,有没有进步。

这是基于组织发展的视角。当组织需要发展、工作需要推进、任务需要完成时,就会以此为起点选任干部。这种视角经常出现在新建组织或新调整过的机构选拔干部过程中。由于组织的功能和职责重新明确，有了新的定位，包含了诸多前所未有的工作，具有一定的挑战性和创新度，干部选任的考虑基点就是能否胜任这样的工作、是否具有相关的知识背景和工作经验、以往的工作经历中，有没有体现出一定的创新能力和开拓能力，等等。

就打比方说，2018 年国务院公布了机构改革方案，其中组建了生态环境部，将环境保护部的职责，国家发展和改革委员会应对气候变化和减排的职责，国土资源部监督防止地下水污染的职责，水利部编制水功能区划、排污口设置管理、流域水环境保护的职责，农业部监督指导农业面源污染治理的职责，国家海洋局海洋保护的职责，国务院南水北调工程建设委员会办公室的南水北调工程项目与区环境保护职责整合，根据这些重新组合的职能需求，选任了李干杰担任生态环境部部长、党组书记。从履历中可以看出，他的专业背景是核反应堆工程与安全，具备了生态环境相关知识能力，同时也曾担任环境保护部、核安全局的领导职务，这种种的考虑对于未来开展相关工作、引领组织发展能够起到积极的作用。

再次，是不是合适。

这是基于“人”和“事”匹配的视角。岗位和职务大都是针对某些具体行业、领域的，具有特定的工作性质和内容，对干部的要求也会需要相应的匹配性。前提是对“人”和“事”都具备充分的了解，相对来说，对“事”的把握容易些，例如选任教育局局长，都会想到要有教育经验，要有管理经历，等等；或者选任一个大学校长，想必会从学术背景的角度入手，这些都是常理。反过来说，选任大学校长，我们不会联想到从国企老总中去选拔，尽管行政级别可能是相当的。

对于人的了解就比较困难，孔子总结了要“听其言，观其行”，《论语》中记载，子曰：“始吾于人也，听其言而信其行；今吾于人也，听其言而观其行。于予与改是。”①

在《论语·为政》中也有记载:子曰:“视其所以,观其所由,察其所安,人焉廋哉?人焉廋哉?”《墨子·尚贤中》中提出:“然后圣人听其言,迹其行,察其所能而慎予官,此谓事能。”通过言行举止了解人,是古往今来普遍的做法,并从中获得对人的综合认识。

即便是对“人”和“事”都有了充分的了解,还要将这种综合认识和职务需求对应起来,研究其匹配度。当然,这种匹配度缺少良好的理性依据,更多的是依靠感觉、直觉和经验来判断,也确实容易产生误判。

最后,符不符合“台阶论”。

所谓“台阶论”,是说干部的晋升必须一步一步地往上走,就像一步一步上台阶似的,不可以跨两个或者多个台阶。这种所谓“台阶论”是否有道理,是否有必要,尚存有争议。但在我国的干部制度中,普遍认为台阶论还是需要注重的。

认为台阶论需要得到注重的道理主要是基于干部成长的视角,必须一步一步地往上走。因此,在我们的相关制度和政策中,都明确为干部成长设置了台阶。现行《干部任用条例》第二章第八条规定:

> 提拔担任党政领导职务的,应当具备下列基本资格:
>
> (一)提任县处级领导职务的,应当具有五年以上工龄和两年以上基层工作经历。
>
> (二)提任县处级以上领导职务的,一般应当具有在下一级两个以上职位任职的经历。
>
> (三)提任县处级以上领导职务,由副职提任正职的,应当在副

① 《论语·公冶长》。

职岗位工作两年以上;由下级正职提任上级副职的,应当在下级正职岗位工作三年以上。

一个大学本科毕业参加工作的人,按照资格要求“五年以上工龄”,就已经快三十岁了,更不要说硕士、博士毕业;同时,还需要下一级两个以上职位任职经历,也就是说如果是公务员身份,至少要担任过两个乡科级正职的职务;到达乡科级正职,还需要经历乡科级副职职务的过程。很多机关事业单位都强调加强年轻干部培养,提拔三十五岁以下干部。也就是说,需要用十年时间,从一名新入职的公务员,升任到乡科级副职,再升任到乡科级正职,才有可能进入县处级干部选任视野。之后的每一次晋升,都需要不断重复这个过程。

鉴于这样的制度设计,在选任干部时,领导会考虑到人员未来的发展:有没有提升空间,需不需要更多的积累,需不需要设置一个又一个的台阶,种种的考虑也都是为领导干部一步步走上一级级台阶奠定基础。

如果你是干部,你知道你是怎样被选上的吗

第一步:你被提名了。

茫茫人海,芸芸众生,谁知道你才高八斗、学富五车;谁又知道你能言善辩,运筹帷幄,总需要有个人提出候选人,古代叫“荐”“引”“举”,

现在叫“动议”,曾经也被称为“初始提名”。

总而言之,如果你什么时候当上某级干部了,一开始一定是有位“贵人”提名提到你了,而且这个提名还真起到作用了。

《三国志》记载:“时先主屯新野。徐庶见先主,先主器之,谓先主曰:‘诸葛孔明者,卧龙也,将军岂愿见之乎?’”[①]这段情节在罗贯中先生的《三国演义》里用了足足半回的篇幅描写,就是著名的“走马荐诸葛”。在前一回就有伏笔了,刘备夜宿水镜庄时,司马徽一针见血地指出,刘备“至今犹落魄不偶”的主要原因是“左右不得其人耳”,并提出了建议:“伏龙、凤雏,两人得一,可安天下。”徐庶的引荐就顺理成章引出了著名的“三顾茅庐”。[②] 诸葛亮《出师表》自陈“臣本布衣,躬耕于南阳”,一介布衣,没有最初提名的水镜先生和徐庶,刘备也不会三顾茅庐,也难以成就三分天下的伟业,可见初始提名的重要性。

在现行的《干部任用条例》中单列了一章共五条来规范“动议”这个非常重要的步骤:

> 第十一条　组织(人事)部门应当深化对干部的日常了解,坚持知事识人,把功夫下在平时,全方位、多角度、近距离了解干部。根据日常了解情况,对领导班子和领导干部进行综合分析研判,为党委(党组)选人用人提供依据和参考。
>
> 第十二条　党委(党组)或者组织(人事)部门根据工作需要和领导班子建设实际,结合综合分析研判情况,提出启动干部选拔任用工作意见。

---

① 《三国志·蜀书·诸葛亮传》。

② 详见罗贯中:《三国演义》第三十五回。

第十三条　组织(人事)部门综合有关方面建议和平时了解掌握的情况,对领导班子和领导干部进行动议分析,就选拔任用的职位、条件、范围、方式、程序和人选意向等提出初步建议。

个人向党组织推荐领导干部人选,必须负责地写出推荐材料并署名。

第十四条　组织(人事)部门将初步建议向党委(党组)主要领导成员汇报,对初步建议进行完善,在一定范围内进行沟通酝酿,形成工作方案。

对动议的人选严格把关,根据工作需要,可以提前核查有关事项。

第十五条　研判和动议时,根据工作需要和实际情况,如确有必要,也可以把公开选拔、竞争上岗作为产生人选的一种方式。领导职位出现空缺且本地区本部门没有合适人选的,特别是需要补充紧缺专业人才或者配备结构需要干部的,可以通过公开选拔产生人选;领导职位出现空缺,本单位本系统符合资格条件人数较多且需要进一步比选择优的,可以通过竞争上岗产生人选。公开选拔、竞争上岗一般适用于副职领导职位。

公开选拔、竞争上岗应当结合岗位特点,坚持组织把关,突出政治素质、专业素养、工作实绩和一贯表现,防止简单以分数、票数取人。

公开选拔、竞争上岗设置的资格条件突破规定的,应当事先报上级组织(人事)部门审核同意。

从《干部任用条例》中看出,动议的主体是“党委(党组)或者组织(人事)部门”,具体开展这项工作的是“组织(人事)部门”,责任人是

“党委(党组)主要领导成员”。因为形成初步建议后是向主要领导成员报告的。

这里,一晃而过有一个意味深长的词——酝酿。

按照第7版《现代汉语词典》的解释:其本意是造酒的发酵过程,比喻做准备工作,如事先考虑、商量、相互协调等。衍生出来就是在做某件事的时候要研究、斟酌很久,到干部选任的动议阶段,就是指对“初步建议”这个环节进行反复斟酌。

具体需要斟酌哪些内容?从第十三条来看,“初步建议”包括“任用的职位、条件、范围、方式、程序和人选意向等”,但是这几个被点名的项目并不需要反复琢磨:职位是既定的;条件是相对统一的;范围、方式和程序都在《干部任用条例》其他部分有相应的要求,那么究竟是什么需要斟酌?——实际上,那就是人选。

其他那几项基本上是常量,也只有人选具有较大的可变性。举个例子来说,某直辖市一区的体育局局长职位空缺,要选任干部,在启动此项工作后,对应“初步建议”需要准备的资料:

职位:体育局局长

条件:依据《干部任用条例》第二章第七条规定,可适当补充一些诸如有体育工作经验、年龄、学历要求、行政级别,等等

范围:体育局内部或者同级别、同类型的机构

方式:竞聘或是委任

程序:《干部任用条例》大部分内容就是在提出程序要求,例如选任要经过“分析研判和动议—民主推荐—考察—讨论决定—任职”的程序;《干部任用条例》第二十八条规定了“考察”的七项程序

这时候恍然有一种“万事俱备，只欠东风”的感觉，缺的是什么？就是“对象”，是“人选”。因此，“酝酿”最重要的内涵就是对人选的反复斟酌。

酝酿的主体是谁？从《干部任用条例》上看，是党委（党组）主要领导成员，他们也是整个选任工作的责任主体，自然是要衡情酌理地“把好关”。酝酿的过程就是广泛征求党委（党组）主要领导成员对于“初步建议”，尤其是“人选”的意见和建议。这是目前干部选任过程中重要的环节。

酝酿本意是发酵，是事物慢慢发生的变化，所有的延伸运用中，都有不疾不徐的意思。在选任干部中，酝酿过程小心谨慎，如履薄冰，体现的是对岗位担当的责任和对干部任用的慎重，同时也应该遵循一些基本的原则：例如，职务需求原则，也可以理解因事择人，这是在用人问题上的普遍认识；客观公正原则，这是评价人的基本态度；适度原则，包括时间的适度，范围的适度；保密原则，是对选任工作的保护，也是对人选的保护。

第二步：蛮多人推荐你了。

这一步骤是为下一步“考察”做准备的，“推荐”不是无目的、无范围，而是有指向性的。比如，要选任河南某县县长，不可能在全国各地进行推荐，总是有地域、级别的限定性范围内进行民主推荐。当然，如果是选任国家教育部部长，范围就可以更大一些。在前一个环节“动议”中，我们也提到了“荐”，但两者方圆殊趣。前者仅仅是初始提名，让某位有才之人脱颖而出，“民主推荐”就是要让“动议”环节中党委（党组）主要领导成员酝酿成熟的人选通过民主推荐的形式成为正式候选人。

《干部任用条例》第十四条规定：选拔任用党政领导干部，必须经过民主推荐。民主推荐包括会议推荐和个别谈话推荐,推荐结果作为选拔任用的重要参考,在一年内有效。

细细琢磨此项条款,蕴含了三层意思:

第一,民主推荐是必不可少的程序,可以审视出初定人选的群众基础。

民主推荐的不可或缺性,正体现在从推荐的过程中能够反映出对象的群众基础。这和我们对干部的要求和认知是一致的,干部是组织工作的骨干和领导,必须遵循"从群众中来,到群众中去"的基本路线,如果在群众中得不到充分肯定,群众心目中并不认可其成为干部,就不得不质疑人选的合理性了。

让我们通过一个故事来理解一下民主推荐,在《史记》中有这样一段记载:

> 尧曰:"嗟!四岳:朕在位七十载,汝能庸命,践朕位?"岳应曰:"鄙德忝帝位。"尧曰:"悉举贵戚及疏远隐匿者。"众皆言於尧曰:"有矜在民间,曰虞舜。"①

尧觉得是时候选择接班人了,就询问群臣,大家都推荐了虞舜。这里所谓"众皆言"就类似于民主推荐,都说虞舜符合条件,这就充分表明,他拥有了深厚的群众基础。

第二,两种民主推荐形式:会议推荐和个别推荐。

上述推荐虞舜的故事基本上就属于会议推荐。这又是选任干部中慎重的表现,通过两种形式的推荐来了解人民群众的态度。有些在会

① 《史记·五帝本纪》。

议推荐中,出于种种原因不便说的话、不能表的态、不想透露的信息,可以在个别推荐中传递出来。现在的个别推荐常常采取直截了当的方式,参与者需要明确回复一个问题:“你推荐谁为某职务的候选人?”在这个环节基本上是只需要观点,不需要论据的。

会议推荐有会议推荐的好处,譬如说,通过会议,可以节省推荐成本,可以在推荐中互相得到启发,也可以避免那种不负责任的乱推荐,等等。但是另一方面,会议推荐也有其弊端,如被错综复杂的人际关系所困,使得推荐人在推荐人选的时候顾虑重重。另外,由于干部工作涉及保密性,而参会推荐的人员有可能有意无意地透露相关信息,涉及相关人员还有可能生出一些猜忌和矛盾来。会议推荐的某些缺憾有可能通过个别推荐的形式给予弥补,如在个别推荐中,推荐人可以少有顾虑,提出自己的真切意见。但是同样,个别推荐也有可能存在一些弊端,如过于考虑用自己的主观偏好或者亲疏关系来作为是否推荐的依据。

所以现在的做法是两种推荐形式并举,当能起到重要的互补作用。

第三,民主推荐的结果是一种参考性指标。

当然了,这里的所谓“推荐”,与那种严格意义上的“选举”不同,选举是根据票数决定是否当选,唯票数说话,“我之所以当选是因为我的票数比你多”,如此而已。而我们这里的“推荐”,那是明确的,“推荐结果作为选拔任用的重要参考”。推荐中也有“推荐票”的统计,但这个“票”是考虑人选的“重要参考”,而不是唯一的依据。

在此前的《干部任用条例》中,曾将民主推荐的结果作为重要依据之一,但后来在选任干部中出现了一些缺乏工作业绩的对象,跑票、拉票产生“感情票”“利益票”等现象,干扰了选任干部客观性。因此,在修改出台的《干部任用条例》中重新规定了民主推荐在选拔任用中的作用，将其作为一个参考性指标。这样的设计是可以理解的，出于制度的合理性和完美性考虑，是针对出现了的问题提出的修正性策略，可谓用心良苦。

第三步：你是经得起考察的。

当你被初步选中，并且进入了考察环节的时候，那么你就离上任越来越近了。

考察是整个选任干部中的中心环节，通过这个环节，进一步来验证这个候选人是否能够与相关的职位匹配。毛泽东同志在《中国共产党在民族战争中的地位》一文中，提到了“识别干部”的问题，提出“不但要看干部的一时一事，而且要看干部的全部历史和全部工作”[①]，这是全面的观点和思想，不但是横向的全面，也是纵向的全面，充分体现了历史唯物主义的思想。如何看出干部的全部，考察是一个重要途径。

古往今来，如出一辙。记载于《史记》中吴王阖庐任用孙武的一段典故可以视为考察干部的典范：

> 孙子武者，齐人也。以兵法见於吴王阖庐。阖庐曰：“子之十三篇，吾尽观之矣，可以小试勒兵乎？”对曰：“可。”阖庐曰：“可试以妇人乎？”曰：“可。”於是许之，出宫中美女，得百八十人。孙子分为二队，以王之宠姬二人各为队长，皆令持戟。令之曰：“汝知而心与左右手背乎？”妇人曰：“知之。”孙子曰：“前，则视心；左，视左手；右，视右手；後，即视背。”妇人曰：“诺。”约束既布，乃设鈇钺，即三令五申之。於是鼓之右，妇人大笑。孙子曰：“约束不明，申令不

① 《中国共产党在民族战争中的地位》，载《毛泽东选集》（第二卷），人民出版社，1991年，第527页。

熟,将之罪也。"复三令五申而鼓之左,妇人复大笑。孙子曰:"约束不明,申令不熟,将之罪也;既已明而不如法者,吏士之罪也。"乃欲斩左右队长。吴王从台上观,见且斩爱姬,大骇……用其次为队长,於是复鼓之。妇人左右前後跪起皆中规矩绳墨,无敢出声。於是孙子使使报王曰:"兵既整齐,王可试下观之,唯王所欲用之,虽赴水火犹可也。"……於是阖庐知孙子能用兵,卒以为将。西破彊楚,入郢,北威齐晋,显名诸侯,孙子与有力焉。①

这段文字较为浅显,情节也广为流传,就不翻译了,提示一个细节:孙子是"以兵法见于吴王阖庐"的,也就是说吴王对孙子精通兵法早有耳闻,并且已经"尽观之",但对于他是否真能带兵打仗似乎还心存疑虑。于是半真半假地让他用后宫佳丽做实验来考察其实战能力。如今可以类比的考察,可能是"挂职锻炼"或者是"易岗锻炼"。某位领导干部听说某人工作能力强,业绩不错,又担心"耳听为虚",就依托"挂职锻炼"的机制进行近距离观察,以判适切。选任环节中的考察缺少了实战性,但一样严肃谨慎,不仅考察对象的产生极其慎重,考察程序更为规范,内容也深入和全面。

墨子有一段话,很好地概括了考察的意义:

然后圣人听其言,迹其行,察其所能而慎予官,此谓事能。故可使治国者使治国。可使长官者使长官。可使治邑者使治邑。凡所使治国家、官府、邑里,此皆国之贤者也。②

---

① 《史记·孙子吴起列传》。

② 《墨子·尚贤中》。

墨子将考察贤人的主体设定为“圣人”,而考察办法是“听其言,迹其行,察其所能”,并且要“慎予官”。可见,墨子对选官这件事是极为慎重的,考察的主体本身应该是一个德厚流光、怀瑾握瑜的人,可以保证选拔过程的公正圣明,而考察办法又是多样化的,可以从多方面了解候选人,即便如此,还是要小心翼翼地给予官职。同时,鉴于能力的大小,分配不同的工作岗位,可以治国的,就让他治国;可以居官的,就让他居官;可以治县的,就让他治县。这是符合现代管理学中能级管理理论的。

我们先来研究“考察对象”。从理论上说,动议提名的人选不一定是考察对象;民主推荐的结果也不一定是考察对象,两者充分地结合,考察对象才呼之欲出。《干部任用条例》第五章第二十三条是这么规定的:

> 确定考察对象,应当根据工作需要和干部德才条件,将民主推荐与日常了解、综合分析研判以及岗位匹配度等情况综合考虑,深入分析、比较择优,防止把推荐票等同于选举票、简单以推荐票取人。

这里再一次出现了“酝酿”这个词,在“动议”阶段,组织部门或者主要领导成员已经煞费苦心地“酝酿”了人选,经过了“民主推荐”这个环节,领导们不得不再次“酝酿”。这次酝酿的内容有两项了:一是“将民主推荐与平时考核、年度考核、一贯表现和人岗相适等情况综合考虑”后,人选是不是可以列为考察对象了;二是在主要领导团队中沟通,以达成对考察对象的一致意见。

那到底要考察什么内容呢?按照现在的通行做法,概括起来就是

“德、能、勤、绩、廉”，这也是对所有公职人员常规考核的项目。

德，韵味深长，不仅仅是望文生义的“道德”，更包含了意识层面和行为态度的种种方面的内容。在《干部任用条例》第二十七条归结为“政治品质和道德品行”，具化为“理想信念、政治纪律、坚持原则、敢于担当、开展批评和自我批评、行为操守等方面”。这是作为共产党干部的基本要求，我国并不认同且实行西方文官制度那样的所谓价值中立，因此需要对每一个承担职务的人进行政治思想、觉悟等意识领域的考量。当然了，考察这方面的内容也不是那么容易的，其本身是一件非常复杂且艰苦的工作。

勤，一般的理解就是“态度”，工作上是不是勤勤恳恳，是不是兢兢业业、任劳任怨；是否积极进取、坚韧不拔；作风是否正派，能不能联系群众，等等。《干部任用条例》第二十七条：“为民服务、求真务实、勤勉敬业、敢于担当、奋发有为，遵守中央八项规定精神，反对形式主义、官僚主义、享乐主义和奢靡之风等情况。”因此，“勤”不仅仅是字面理解的勤奋、勤恳，也包含了大量态度、作风等方面的内涵。

廉，就是廉洁自律，这是对公职人员考察的重要内容。《干部任用条例》第二十七条解释为：遵守廉洁自律有关规定，保持高尚情操和健康情趣，慎独慎微，秉公用权，清正廉洁，不谋私利，严格要求亲属和身边工作人员。干部将要承担对公共事务的管理，涉及公共利益和社会发展，廉洁关系到组织的纯洁性，关系到群众对公共部门的态度以及整个社会的价值走向。党的十八大之后，我们党勇于面对所面临的重大风险考验和党内存在的突出问题，以顽强意志品质正风肃纪、反腐惩恶，消除了党和国家内部存在的严重隐患，党内政治生活气象更新，党内政治生态明显好转。这样的精神和做法当然要渗透到干部的选拔任用过程之中，以把好廉政建设的“第一个关口”。为此，中共中央办公厅在2016年曾经印发了《关于防止干部“带病提拔”的意见》，并发出通知，要求各地区各部门结合实际认真贯彻执行，强化审核措施，坚持“四凡四必”，即干部档案“凡提必审”，个人有关事项报告“凡提必核”，纪检监察机关意见“凡提必听”，反映违规违纪问题线索具体、有可查性的信访举报“凡提必查”。毫无疑问，这里加强了干部选任过程中关于廉洁自律情况的考察。

在《干部任用条例》中，“能”和“绩”是整合在一起进行描述的，这在理论上也是行得通的，“能”和“绩”之间是具有一定的因果关系，至少是极大的关联度。“能”就是看干部的理论政策水平、综合决策水平、组织协调能力、管理指挥能力，等等。“绩”就是“履行岗位职责、推动和服务科学发展的实际成效”。

干部选任前的考察在干部工作中具有重要的地位，所以往往得到高度重视。《干部任用条例》第二十八条中对考察的具体程序有详细规定，大致归纳为七个步骤：制订方案—沟通方案—发布预告—实施考察—作出评价—反馈情况—报告结果。最后形成书面考察材料，建立考察文书档案，考察材料必须写实，全面、准确、清楚地反映考察对象的情况，包括下列内容：①德、能、勤、绩、廉方面的主要表现和主要特长，②主要缺点和不足，③民主推荐、民主测评等情况。

有了对象，有了内容，有了程序，还需要明确以什么形式去考察，目前干部考察一般会采取以下形式：个别谈话、发放征求意见表、民主测评、实地走访、查阅干部档案和工作资料、同考察对象面谈等方法。

归纳下来，无非是“查”和“谈”，查的是文本，谈的是人。在文本上寻找考察对象过去的生活和工作的蛛丝马迹；在和人的交流中察言观色，体会出考察对象的为人处世、待人接物。最终希望勾勒出候选人的画像，来确定是否能胜任拟担任的职务。

于是，这对考察成员本身的要求就会很高了。在《干部任用条例》第五章第三十三条中特别规定：

> 党委（党组）或者组织（人事）部门选派具有较高素质的人员组建考察组，考察组由两名以上成员组成。考察组负责人应当由思想政治素质好、具有较丰富工作经验并熟悉干部工作的人员担任。
>
> 实行干部考察工作责任制。考察组必须坚持原则，公道正派，深入细致，如实反映考察情况和意见，对考察材料负责，履行干部选拔任用风气监督职责。

此时此刻的“个别谈话”和民主推荐中的“个别推荐”是大相径庭的。个别推荐时，论点是核心，几乎不需要论据，简单地说，只要提出某个人名就行。但个别谈话中，论点是其次的。因为对象已经相对明确了，是针对某一个个体的考察，关键是论据。访谈对象需要根据自身与考察对象的交往，或者基于所了解到考察对象的工作状况，给出一个评价，当然最好是可以举例说明。

第四步：会议讨论通过了。

所有的前期工作做好之后，到了最最关键的也是最最重要的一步：上会。

当有人悄悄地告诉你，说你的提任问题下周领导上会，那么这个事情也就算是搞定了。因为这个所谓的“上会”，原则上是程序性的。按照干部管理权限，如说一个省市的厅局级干部，需要由这个省市的常委会讨论决定。因此，上了这个常委会的会议，那就算是尘埃落定了。

1980 年党的十一届五中全会通过的《关于党内政治生活的若干准

则》明确规定:“党委会讨论重大问题,要让大家畅所欲言,各抒己见。讨论中发生了分歧,既要认真考虑少数人的意见,又不可议而不决,耽误工作。”①民主集中制一直就是我们根本的组织制度和领导制度,最后干部的选任结果毫无疑问是要经过会议讨论决定的。

关于会议议事的问题,有一本叫做《罗伯特议事规则》(*Robert's Rules of Order*)的书,具有非常大的影响。这本由亨利·马丁·罗伯特于1876年撰写出版,叙述开会规则的《罗伯特议事规则》,几经修改后到2011年已经出了第十一版。正因为这个话题的重要意义,所以在罗伯特本人离世之后,他的继任者以及追随者一次又一次地传承并修订这个著作,使得这本书经久不衰。议事又是一件极其值得研究的话题,有机会另做讨论,就选任干部的会议讨论决定部分,我们现在的规则也规定得相当具体,至少需要包含六个要素:足够多的人数、充分的时间、完整的情况陈述、充分的表达和辩论、明确的表决以及多数票决的原则。

足够多的人数:虽然很少有明文规定关于讨论决定干部会议的具体人数,但作为议事规则,需要超过三分之二人数有效,几成惯例。这可以保证收集到大多数主要领导成员的态度和信息,并且在最后的票决中能体现多数人的意志这一民主原则。当然,从规则上说,更为重要的是,必要的出席人数,是审议通过某个事项的合法性基础。

充分的时间:关于时间,并没有确切的规定需要几分几秒,之所以需要有足够的时间,是为了能够完成完整的考察对象的陈述、意见表达和表决等过程。

完整的情况陈述:实际上就是将之前考察结果,形成的书面考察报

---

① 《十一届三中全会以来重要文献选编》,中共中央党校出版社,1981年,第57页。

告通报给所有参会领导成员。这个过程必须体现出公正、客观和完整性,不能掺杂陈述者个人的意见和态度。

充分的表达和辩论:就是让参与讨论者针对考察对象和考察材料发表各自的意见,集思广益。这种表达和陈述体现民主,是一个“通过自由和充分的辩论形成一个知情的多数意见”①的过程。

明确的表决:就是要对是否同意表明态度,避免模棱两可的表达。

多数票决原则:通俗地讲就是少数服从多数,这是民主集中制中“集中”的部分。形式上可以采取口头表决、举手表决或者无记名投票方式进行。

经过一系列繁复而严肃的程序后,产生了未来职务的承担者。其不仅体现了领导团体和群众对职务的期待,也是众多个体意志交锋后的结晶。

第五步:你拿到“任命书”了。

经过“讨论决定”环节后,尘埃落定,干部就该走马上任了。为了慎重起见,还需要张榜公告天下——任前公示,公示内容应当真实准确,便于监督,时间不能少于五个工作日。

如果说,在这之前的干部选任都是在“内部”进行着,那么公示的环节,是把干部选任的工作放到了公众的视野中。其主要的目的一是广而告之,二是希望得到在“内部工作”中所没有得到的任何其他方面的信息。固然,自干部选拔任前公示制度实施以来,还很少有在公示环节被人发现问题而把差不多已经提上去的干部“拉下来”的,但是这种通过公示,把干部选任的工作置于人民群众的监督之中的意义得到了体

---

① [美]亨利·罗伯特:《罗伯特议事规则》,袁天鹏、孙涤译,格致出版社、上海人民出版社,2008年,中文版序二。

现,这是第一;第二,就全国的情况来看,也确有在公示期间被“拉下马”的案例,也是事实。

同时,对于即将奔赴新工作岗位的干部,党委(党组)还会指定专人进行谈话,语重心长地肯定成绩,指出不足,适当反馈考察环节中的群众意见,特别还要进行廉政教育,思想上提提醒。运用春晚小品的画风,就是拍着肩膀说:“小同志,我们看好你哦。”

此时此刻可以猜度主要领导忐忑的心情,一方面,经过层层筛选,终于由初始提名走到了奔赴战场;另一方面,究竟这位千挑万选的干部未来能否驰骋疆场、旗开得胜,还不得而知。于是,谈话归谈话——但愿谆谆教诲有助于他未来登上政治舞台。当然,在制度上我们还设置了一年的试用期,试用期的意义顾名思义,试用下来感觉到不行的话还是可以让你回去的。试用期满后,经考核胜任现职的,正式任职;不胜任的,免去试任职务,一般按试任前职级安排工作。

“试用期”这回事还真的年深日久,三皇五帝的蛮荒岁月就已经开始了对干部的试用,《史记》记载了一段试用的传说:

> 尧曰:“谁可顺此事?”放齐曰:“嗣子丹朱开明。”尧曰:“吁!顽凶,不用。”尧又曰:“谁可者?”讙兜曰:“共工旁聚布功,可用。”尧曰:“共工善言,其用僻,似恭漫天,不可。”尧又曰:“嗟,四岳,汤汤洪水滔天,浩浩怀山襄陵,下民其忧,有能使治者?”皆曰鲧可。尧曰:“鲧负命毁族,不可。”岳曰:“异哉,试不可用而已。”尧於是听岳用鲧。九岁,功用不成。[1]

---

① 《史记·五帝本纪》。

尧是想早早选好接班人,群众提名他儿子丹朱和共工,他都直接否定了。此时,尧帝话锋一转,提到了治水问题,明显就是要借治水工程来考察干部,大家又提名鲧。尧明察秋毫,对鲧也不满意,但考虑到群众的意见,决定给鲧一次机会,就让他去治水,言下之意,如果治水成功,就有机会接班了,可惜鲧花了九年都没成功,最终无法获得领导的赏识,功败垂成,也给虞舜留了机会。

同样要经历试用期,舜就顺利通过了考核。当尧再一次提及继承者问题时,大家都推荐了虞舜,并且介绍他:“盲者子。父顽,母嚚,弟傲,能和以孝,烝烝治,不至奸”。在这么恶劣的家庭都能应对自如,尧就准备试试他。

> 於是尧妻之二女,观其德於二女。舜饬下二女於妫汭,如妇礼。尧善之,乃使舜慎和五典,五典能从。乃遍入百官,百官时序。宾於四门,四门穆穆,诸侯远方宾客皆敬。尧使舜入山林川泽,暴风雷雨,舜行不迷。

经历了那么多考验,尧认为舜表现良好,通过测试,这才对他说:“女谋事至而言可绩,三年矣。女登帝位。”①

尽管远古时代的记载多少晕染了些神话色彩,而且并不如现在,以实际担当职务来试用其适合度。但可以表明的是,古往今来,对干部的使用一贯都是慎重的。至汉朝,试官制度已经广泛采用,在《汉书》《三国志》《资治通鉴》等史书中多处提到试用官员的情节。之后的历朝历代,形式各异的试官制度都对选拔官员起到了积极的作用。

---

① 《史记·五帝本纪》。

《韩非子》有论：

> 观容服，听辞言，仲尼不能以必士；试之官职，课其功伐，则庸人不疑于愚智。[1]

意思是说，只听他说话议论，就是孔子也不能断定这个人能力如何；可是在官职上一试，用办事成效考察，就是庸人也能分辨是愚蠢还是聪明了。

有时候，试官是一种有效手段，可以辨识人的德与能。

---

① 《韩非子·显学》。

第四章　有可能当上干部的究竟是哪些人

在干部选任的“导航图”上浏览了干部选任的路线图后，你大致也知道了干部是如何一步一步走上岗位的。现在，我们从另一个角度，再去观察探讨一下，究竟哪些人能纳入组织的法眼、有可能成为干部呢？

固然，我们也不说不同的国度了，就说不同的时代，不同的社会背景，不同的领导风格，可能有不同的干部选拔的标准和取向，但是一般而言，之所以能够被组织收入法眼并成为各级各类干部的，也可以说有一些共性特征。

内心坚定的人

坚定是一个略显含混的形容词，怎么样的人才称得上内心坚定，很难做准确描述，也无法精确度量，缺少监测指标，但却可以从言论举止、行为处事中去感受。但就在凭借直觉去评判的时候，大致可以归纳出三方面意思，其中最重要的是具备坚定的理想信念。

柏拉图描绘了“理想国”，托马斯·莫尔设计了“乌托邦”，古往今来，各路大咖无一例外地热衷于创造一个伊甸园，一个理想的状态。有坚定的理想可以高瞻远瞩地看待世界，关注到事情的意义、价值、关系、标准、可能性等抽象价值理性，以及它们之间的关联度，并以此为依据，对现实提出更高的要求和期待；可以对世界有着善良的理解，追求存在的意义直至完美。

历史上众多改革家，诸如商鞅、嬴政、刘邦、王安石、张居正……无一不怀有远大志向，要改变一方土地，解救一方百姓。孔子、孟子、老子这些大思想家也都具有坚定的治国理念，试图通过“以德治天下”的理想改变时局。太平天国颁布的纲领性文件《天朝田亩制度》，提出“有田同耕，有饭同食，有衣同穿，有钱同使”，这就是宏伟的理想。共产主义开山祖师马克思、恩格斯，描绘的理想社会制度也是意在建立有异于当时社会的理想大同世界。坚定的理想信念往往推动着社会的发展。

从中观或者微观层面看，干部所做的工作都是在为国家的宏伟蓝图添砖加瓦，组织总是希望干部能清晰地了解自己在盖的是什么楼、走的是什么路。从科学共产主义的创始人马克思恩格斯开始，无产阶级革命领袖就十分重视领袖、干部的理想信念。恩格斯在《给〈萨克森工人报〉编辑部的答复》中写道：

> ……要在党内担任负责的职务，仅仅有写作才能和理论知识，即使二者确实具备，都是不够的，要担任负责的职务还需要熟悉党的斗争条件，习惯这种斗争的方式，具备久经考验的耿耿忠心和坚强性格，最后还必须自愿地把自己列入战士的行列……①

短短几行字，恩格斯阐述了他心目中党的干部需要具备的两个要素：理想信念和卓越能力。理想信念就是“耿耿忠心”，就是“自愿把自己列入战士的行列”；卓越能力包括“写作才能”“理论知识”，以及“熟悉党的斗争条件……斗争的方式”，也就是经验。恩格斯将信念与行动、理论与经验很好地统一起来了，是对无产阶级事业所需要干部最初的设计。

---

① 《给〈萨克森工人报〉编辑部的答复》，载《马克思恩格斯选集》（第四卷），人民出版社，1972 年，第 270 页。

视线转移到中国近现代，我国对干部的标准可以用“德才兼备”来涵盖。这个标准在毛泽东同志各种论著的字里行间已经能管中窥豹。他在1937年于延安召开的中国共产党全国代表会议上作了题为《为争取千百万群众进入抗日民族统一战线而斗争》的讲话，其中专门论述了一部分“干部问题”，指出：

> 这些干部和领袖懂得马克思列宁主义，有政治远见，有工作能力，富于牺牲精神，能独立解决问题，在困难中不动摇，忠心耿耿地为民族、为阶级、为党而工作。①

“懂得马克思列宁主义，有政治远见……”就是一个干部必须具备的政治素养和理想信念。

在《干部任用条例》的第二章第七条中已经明确提出了对于理想信念的要求：

> 党政领导干部必须信念坚定、为民服务、勤政务实、敢于担当、清正廉洁，具备下列基本条件：
>
> （一）自觉坚持以马克思列宁主义、毛泽东思想、邓小平理论、“三个代表”重要思想、科学发展观、习近平新时代中国特色社会主义思想为指导，努力用马克思主义立场、观点、方法分析和解决实际问题，坚持讲学习、讲政治、讲正气，牢固树立政治意识、大局意识、核心意识、看齐意识，坚决维护习近平总书记核心地位，坚决维

① 《为争取千百万群众进入抗日民族统一战线而斗争》，载《毛泽东选集》（第一卷），人民出版社，1991年，第277页。

护党中央权威和集中统一领导，自觉在思想上政治上行动上同党中央保持高度一致，经得起各种风浪考验；

（二）具有共产主义远大理想和中国特色社会主义坚定信念，坚定道路自信、理论自信、制度自信、文化自信，坚决贯彻执行党的理论和路线方针政策，立志改革开放，献身现代化事业，在社会主义建设中艰苦创业，树立正确政绩观，做出经得起实践、人民、历史检验的实绩；

……

可以看出，党和国家对于干部的精神世界极其重视，尤其是理想、信念、政治观（包括权力观、政绩观、发展观等），这种重视在一定程度上超过了能力追求，这决定了对干部的基本评价。有时候，一名干部在工作业绩上可以相对平稳，少有出彩之处，但只要他拥有主流的精神世界、高尚的人格、坚定的理想信念，一样可以被选拔。这和中国儒家文化中的干部评价有异曲同工之妙。

其次是坚定的目标追求。通俗地说，干部应该是想做事、要做事的人，能坚定地设立目标、坚定地追求目标。“铁杵磨针”“卧薪尝胆”等的故事主人公体现的就是这种锲而不舍的精神。西汉思想家董仲舒研究学问“盖三年不窥园，其精如此”①，南宋名将岳飞“少负气节”②，“岳母刺字”“精忠报国”的故事流传至今；周恩来“为中华之崛起而读书”……这样的例子比比皆是。在追求目标的过程中对工作、任务保持着积极、认真、执着、严谨和坚持的态度，伴随着的还有踏实、勤勉等德行，有一

① 《汉书·董仲舒传》。

② 《宋史·列传·卷一百二十四》。

种不达目标誓不罢休的韧劲，追求的是白璧无瑕的完美境界。还能够根据要求完成任务，而且经常是不折不扣的，上级领导总是欣赏这样的人。

最后，内心坚定的人还需要具备坚定的底线意识、坚定的处事原则。作为干部，拥有支配社会资源的权力，坚定的原则可以保证合法用权、规范用权。《元史》中描述了著名的理学家、教育家许衡的一段往事：

> 尝暑中过河阳，渴甚，道有梨，众争取啖之，衡独危坐树下自若。或问之，曰："非其有而取之，不可也。"人曰："世乱，此无主。"曰："梨无主，吾心独无主乎？"①

心中的"主"就是坚定的原则、就是底线。"有主"就是自律，是自我约束，不管世道如何纷乱，只要心有"主"，就能克己复礼，才能洁身自好，才能清正廉洁。这在后文还将提及，这里不再赘述。

廉洁自律的人

这是对干部最基本的要求，古往今来，概不例外。各式各样的民意调查都显示，在老百姓关注的诸多社会问题中，腐败始终位居前列。在群众的朴素政治观念里，腐败就是有权者掠夺了本该属于他们的财富，

---

① 《元史·列传·卷四十五》。

这与遭遇强盗是一个境况,谁也不愿意目睹殚精竭虑经营的成果被人巧取豪夺。在西方政治理论中,权力源自“委托”,公民是为了避免自相残杀,才自愿拿出了本属于自己的一部分权力委托给某个组织进行管理。这就是著名的“契约论”。[①] 既然连权力都不是你的,你有什么资格拿它来谋取私利,老百姓对此当然是深恶痛绝的。

从更高层面上理解,腐败是会亡国的。讲个历史典故:很多人都熟悉伍子胥一夜白头的故事,但可能不了解在伍子胥的悲剧人生中,有一个叫伯嚭的佞臣在推波助澜。这是伍子胥过了昭关,辅佐吴王之后的事了。吴国伐越,一路高歌猛进,势如破竹,越王勾践只剩下五千残兵败将苟延残喘在会稽山上,这时他“使大夫种厚币遗吴太宰嚭以请和”,尽管伍子胥竭力进谏,可吴王还是采纳了伯嚭的建议,和越国议和。得到喘息机会的越王仿佛找到了克敌制胜的法宝,“而重宝以献遗太宰嚭。太宰嚭既数受越赂,其爱信越殊甚,日夜为言于吴王”。后来吴王也是听信伯嚭谗言赐死伍子胥的。[②] 这也直接导致越王勾践有机会上演“卧薪尝胆”、励精图治、东山再起的剧情。难怪孔子的弟子自贡这么评价伯嚭:“太宰嚭用事,顺君之过以安其私:是残国之治也。”[③]

腐败如同大树上的蛀虫,蛀着蛀着,树干就空了,树就枯死了。俗话说:“小洞不补,大洞吃苦”,《韩非子》里论述“千丈之堤,以蝼蚁之穴溃;百步之室,以突隙之烟焚”[④]。说的都是一个道理。古今中外,一谈到腐败,人人疾首蹙额,这也意味着对于干部最基本的要求就是要廉洁。历史上很多清正廉洁的官员至今为世人所赞颂。《左传》记载了一段情节:

---

① 参见[法]卢梭:《社会契约论》,何兆武译,商务印书馆,2003年。

② 参见《史记·伍子胥列传》。

③ 《史记·仲尼弟子列传》。

④ 《韩非子·喻老》。

宋人或得玉，献诸子罕。子罕弗受。献玉者曰："以示玉人，玉人以为宝也，故敢献之。"子罕曰："我以不贪为宝，尔以玉为宝，若以与我，皆丧宝也。不若人有其宝。"①

"不贪为宝"就成为形容清正廉洁高尚品质的成语。北宋龙图阁直学士包拯的清廉作风至今仍是各种艺术形式反复歌颂的题材。为保持家门廉洁，他在家中立了一块石碑，上面镌刻着著名的《诫廉家训》以警戒后人。还有一位和"包青天"齐名的明朝青天况钟，以其刚正清廉的品格而闻名于世。以他为主角编演的昆曲《十五贯》流传甚广，更被改变为京剧、豫剧、评弹等多个戏曲剧目，久演不衰。《明史·列传·卷四十九》评价他："刚正廉洁，孜孜爱民。"官爱民，民自然也敬官，百姓崇敬廉洁的官员，在选拔官员时必然也是注重这样的品质。《世说新语》里记载：

周镇罢临川郡还都，未及上住，泊青溪渚。王丞相往看之。时夏月，暴雨卒至，舫至狭小，而又大漏，殆无复坐处。王曰："胡威之清，何以过此！"即启用为吴兴郡。②

寥寥数语还是易懂的，不做详解了，仅注释一个人物：胡威。胡威何许人也？他是曹魏到晋时代的名吏，和其父胡质同样以清廉著称。王丞相目睹了周镇的船只狭小又漏水，感慨胡威的清廉也不过如此，就直接提拔他为官了。尽管现在看起来属于越级提拔，也不走程序，不合规矩，但至少可见对廉洁之崇尚。

---

① 《左传·襄公十五年》。
② 《世说新语·德行》。

为什么我们强调的是“廉洁自律”而不是类似“清正廉洁”这样的形容词，或者说为什么要在“廉洁”后面强调“自律”？这里涉及对于治理腐败问题的两点思考：一个是外在的制度问题，一个是内在的自律问题。通常在政治学或者行政学研究中，比较重视的是外在的法律和制度性约束，比如制订“八项规定”、加强各项监督、设立监察委等，试图用制定和完善规则来压缩官员腐败的空间，实现廉洁目标。但为什么在各种严肃法纪下，腐败依然“春风吹又生”。因为更重要的是人内在的自律和自觉。

自律就是自我约束，自律和廉洁基本上存在因果关系，一个自律的人必然是廉洁的，且不止于廉洁。我们在《干部任用条例》中看到的“以身作则，艰苦朴素，勤俭节约”“自重自省自警自励”这样的品质更多的是出于人的自律，而不是出于法律和制度约束。

《后汉书》记录了东汉名士杨震的自律与廉洁：

> 当之郡，道经昌邑，故所举荆州茂才王密为昌邑令，谒见，至夜怀金十斤以遗震。震曰：“故人知君，君不知故人，何也？”密曰：“暮夜无知者。”震曰：“天知，神知，我知，子知。何谓无知！”密愧而出。后转涿郡太守。性公廉，不受私谒。子孙常蔬食步行，故旧长者或欲令为开产业，震不肯，曰：“使后世称为清白吏子孙，以此遗之，不亦厚乎！”①

故事大致说：杨震路过昌邑的时候，从前他推举的荆州茂才王密正做县长，晚上去看他，还送了金子。杨震就说：“老朋友了解你，你为什

---

① 《后汉书·杨震列传》。

么不了解老朋友呢?”王密说:“晚上没有人知道的。”杨震说:“天知、神知、我知、你知,怎么说没有人知道呢?”这段情节在《资治通鉴》《太平御览》等多部古籍中反复提及,可见古人对“天知、神知、我知、你知”这样的自我约束策略也颇为推崇。

“慎独”一直是中国传统文化中推崇的个人风范的最高境界。《礼记·大学》反复写道:“故君子必慎其独也。”在君子面前,“小人闲居为不善,无所不至,见君子而后厌然,掩其不善而著其善。人之视己,如见其肺肝然,则何益矣!此谓诚于中,形于外,故君子必慎其独也”①。因此慎独,也是让你由内至外真诚待人的必要条件。

另外,提出干部必须具备“自律”的条件,还在于“良好的人际关系的基础是自制与自知之明”②,也在于“不能自律,何以正人?”干部的角色决定了你对于整个团队的榜样影响力,自律的人才有底气去严格要求他人;下属对于“克己”的人才能产生敬佩和敬畏感,才有助于干部树立人格权威而实现有效的管理。

公正无私的人

贞观十四年,魏征上疏说:

---

① 《礼记·大学》。

② [美]史蒂芬·柯维:《高效能人士的七个习惯》,高新勇、王亦兵、葛雪蕾译,中国青年出版社,2010年,第205页。

若赏不遗疏远,罚不阿亲贵,以公平为规矩,以仁义为准绳,考事以正其名,循名以求其实,则邪正莫隐,善恶自分。[①]

大致意思说:如果赏赐时不忘被疏远的臣子,处罚时不庇护亲近的人,做到公平仁义,实事求是,那么邪恶就无处藏身,善恶自然泾渭分明。

公正,是一个干部得以树立权威的基本条件,也是保持组织和谐稳定的主要品格。中国向来有"不患寡而患不均"的思维,绝大多数时候,不公正带来的损害要远远超过工作上的艰难困苦。公正,形式上是在处理事件,实质上是在处理人际关系,并推崇一种价值观,弘扬一种正能量。任何事件的背后,无处不在的是人或者团体的利益、态度和想法。公正不是结果,不是在最终分配量上的绝对平等,而是在过程中表现出来的对每个人的尊重和合乎规则性。

公正的表现形式有三:其一是对每一个人的一致性,不管是赞扬、批评、奖励还是惩罚;其二为对事情处理的一致性,不管是过去、现在还是未来,始终保持着对同一类事件的同样处理办法;其三则表现为规则的同一性,用同一的规则实现约束和发展,才能让下属感受到尊重而自行其事。这有点类似于英美法系中的判例法,一旦判决确立了一定的法律原则,对以后的判决具有影响力或约束力,人们也因此获得公正的感受。

秉持公正,历来被视为干部树立权威、正纲肃纪的重要策略。《明史》中记载:

① 《贞观政要·卷三·论择官》。

安庆公主,宁国主母妹。洪武十四年下嫁欧阳伦。伦颇不法。洪武末,茶禁方严,数遣私人贩茶出境,所至绎骚,虽大吏不敢问。有家奴周保者尤横,辄呼有司科民车至数十辆。过河桥巡检司,擅捶辱司吏。吏不堪,以闻。帝大怒,赐伦死,保等皆伏诛。①

这段历史在朱元璋的纪中也记载了,甚至在明朝中期一个官员刘健的列传中还提到,他说当时连"高皇后不能救"。民间野史说朱元璋有点"妻管炎",后世也有为他正名说这是"尊重"妻子,可在"贩卖私茶"的问题上,连马皇后也救不了驸马,体现了朱元璋高度的政策同一性和处罚同一性,完全展现出"王子犯法,与庶民同罪"的公正态度,也就是近代社会提倡的"法律面前人人平等"的原则,这在法律不健全的传统社会,当是难能可贵的,同时也树立了其严厉的权威,维护了大明法律。

老百姓对公正的心理倾向,还在于公平与正义一直是人类追求的终极价值目标。"人生而平等"的观念在近代已经深入人心,那么平等的人自然应该受到公平的对待,这是毫无疑问的。

公正的基础就是"无私",无私与公正之间也存在着一定的因果关系。没有私心,判断和处理事情就不会被个人利益所干扰,不会被个人荣辱所蒙蔽,就更能从组织的发展、民众的利益出发去思考和论证,所想所做才可能是公正的。

《吕氏春秋》中有这样一个故事,那是一个脍炙人口、家喻户晓的故事:

---

① 《明史·列传·卷九》。

晋平公问於祁黄羊曰:“南阳无令,其谁可而为之?”祁黄羊对曰:“解狐可。”平公曰:“解狐非子之雠邪?”对曰:“君问可,非问臣之雠也。”平公曰:“善。”遂用之。国人称善焉。居有间,平公又问祁黄羊曰:“国无尉,其谁可而为之?”对曰:“午可。”平公曰:“午非子之子邪?”对曰:“君问可,非问臣之子也。”平公曰:“善。”又遂用之。国人称善焉。孔子闻之曰:“善哉!祁黄羊之论也,外举不避雠,内举不避子。祁黄羊可谓公矣。”①

这一段故事被认为是古代举荐的典范,节选文字原有的小标题是“去私”,同篇还列举了尧舜禅让的典故,核心是在讲为官要公正公平无私心,此为之善。同时,我们也能联想到君子的气度,不因个人恩怨影响到国家和社会,这也是推崇的官员标准。

类似的,《晋书》中记载了魏晋时期的名臣,政治家、文学家羊祜的一个故事:羊祜的女婿劝说老丈人利用在位便利,置办些家产,等退休后可以安享晚年。羊祜沉默不答应,后来对儿子说:“此可谓知其一不知其二。人臣树私则背公,是大惑也。”②

确实如此,人要是有了私心,就会背弃公心,是“大惑”。将“公”和“私”对立起来论述,并不是否定了两者的统一性,而是听多了损公肥私、假公济私的案子,期待更多公而忘私、公私分明的干部。

但是身处凡尘俗世,难道真的能凡事不存私心、不为私利?每个人生存于世,为己谋利是赖以生存发展的基本手段,过去曾一度宣传“毫不利己,专门利人”,那是一种最高的境界,但是在实践中也是难以行得

---

① 《吕氏春秋·孟春纪》。
② 《晋书·列传·第四章》。

通的。我们要寻找的是“公”与“私”理想的边界和正确的“去私”方式。

《后汉书》中讲述了一个东汉大臣第五伦的典故：

> 或问伦曰：“公有私乎？”对曰：“昔人有与吾千里马者，吾虽不受，每三公有所选举，心不能忘，而亦终不用也。吾兄子常病，一夜十往，退而安寝；吾子有疾，虽不省视而竟夕不眠。若是者，岂可谓无私乎？”①

这是有人在问第五伦有没有私心？他回答道：“从前有人送我一匹千里马，我虽然没有接受，但是每逢三公选拔人才时，我心里总不能忘记那个送马的人，但也始终没有用他。我的侄子生病，我一个晚上去过十次，回来才安心睡觉；我的儿子有病，虽然我没有去看他，但也通宵没有睡觉。像这些事，难道说没有私心吗？”

第五伦的话很实在，人活在世上，上有父母长辈，旁有妻子弟兄，下有子嗣儿孙，每一个都让人牵肠挂肚，再有亲戚好友，也都拳拳在念，不可能完全割裂与这些人物的牵连。关键不在于是不是有“私心”，而在于能否阻止“私心”和你所从事的公共管理事务发生牵连。就像第五伦讲述的，尽管他一直惦记着那个送马之人，但“终不用”，这才是正确的“去私”打开方式。

有时候我们不得不感慨，一个优秀的干部注定是孤独的，因为他和任何下属或者有工作交集的人都不应该产生超越公务之上的亲近关系，否则，这样的“私”会严重干扰干部的判断和决策。

---

① 《后汉书·第五钟离宋寒列传》。

《论语·为政》也记载：

哀公问曰："何为则民服？"孔子对曰："举直错诸枉，则民服；举枉错诸直，则民不服。"

孔子的观点很明确，提拔正直无私的人老百姓就会服从了，也就是说，为官者应该具备正直无私的品格。天下是人人之天下，官员在治国理政时必须体现公平，才能为天下人办事，解天下之难。这样的人在干部选拔中自然备受器重。

宽容亲民的人

《尚书》中有段记叙：

如有一介臣，断断猗无他技，其心休休焉，其如有容。人之有技，若己有之。人之彦圣，其心好之，不啻若自其口出。是能容之，以保我子孙黎民，亦职有利哉！人之有技，冒疾以恶之；人之彦圣而违之，俾不达是不能容，以不能保我子孙黎民，亦曰殆哉！①

---

① 《尚书·周书·秦誓》。

意思是说:如果有一个官员,诚实专一但没有其他技能,胸怀宽广能容纳人,别人有能力,就好像自己也有。别人美好明哲,心里也会喜欢。这样的宽容大度,对于保护黎民百姓或许是有利的;反过来说,如果别人有能力,就妒忌厌恶,别人圣明,却要阻挠。这种心胸狭隘的人不能保护百姓,很危险。

这段文字被多部典籍反复引用,可见宽容大度在中国古代官员标准中有着举足轻重的地位。

现代社会亦然,宽容是营造良好组织氛围、搭建温馨干群关系的重要风格。宽容就是宽大,有气量,不计较、不追究,包涵、容忍。宽容是一种智慧和力量,也是处理人际关系的有效策略。庄子云:“常宽容于物,不削于人”①;《尚书》里说:“必有忍,其乃有济;有容,德乃大”②,也就是后来概括的“有容乃大”,用时下的话说就是“心要大”。那么怎样才能算得是宽容呢?

宽容在于能原谅别人的过失。“七擒七纵”是一种宽容,换来的是蜀汉边陲多年的安定。“负荆请罪”也是一种宽容,蔺相如原谅了廉颇的傲慢,只因为“彊秦之所以不敢加兵於赵者,徒以吾两人在也。今两虎共斗,其势不俱生。吾所以为此者,以先国家之急而後私雠也”③,换来的结果是国家的强大稳固。“绝缨之宴”更是宽容,由刘向编辑的古代杂事小说集《说苑》记载了楚庄王这样一段故事:

当日,楚庄王大摆酒席,宴请群臣,席间,灯烛熄灭,“乃有人引美人之衣者,美人援绝其冠缨”,并且禀告楚庄王,请求问罪。但面对下属酒后失态,楚庄王表现出宽大的胸襟,选择了原谅,机智地归因于“赐人

① 《庄子·天下》。

② 《尚书·周书·君陈》。

③ 《史记·廉颇蔺相如列传》。

酒,使醉失礼”,并让大家都“绝去其冠缨”。这一举动让下属感激涕零,以日后战场上的勇往直前,肝脑涂地来回报。①

“人非圣贤,孰能无过”,选择宽容而不是追责、惩罚,在管理上是一种策略,面对过失,被宽容者无疑是一种奖赏,且更胜于奖赏,在日后工作中必当涌泉相报。当然了,这种事情也是需要掌握分寸、把握尺度的,避免产生有奖无罚、管理松散的场面。而且,这里的过失应仅限于德行,而非法治,否则就异化为是非不明、善恶不分了。

宽容在于能够接受“平庸的人”。尽管我们总是奢望团队里个个是精英,每个人都能独当一面,但事实上“人无完人,金无足赤”,“人有所优,固有所劣;人有所工,固有所拙”②。即便是历史伟人、名人、英雄都有各自的缺点和短处,何况你身边平凡的共事者,不仅会存在你“看不过去”的地方,还可能有一些你认为根本无法共事的“平庸的人”,这就是工作环境的常态,是你无法回避的现实世界。

“平庸的人”,通常表现为缺乏上进心,做事效率低,严重拖延,计划松散、不合理、不周密,随意性较大,说话做事不顾忌他人感受,语言表述言不及义,文字撰写杂乱无章,文理不通,甚至错字连篇。作为一个普通成员,你可以抱怨他们的低效、懒惰、无能;但作为干部,就要有姿态接受周围人的弱项,学会和“平庸的人”愉快地共事。既然你无法回避,就要坦然接收,并最大限度地发挥他们的优势,实现人员管理效益的最大化。同时适时地、有策略地协助对方补短板,通过培训、教育、引导等手段提升其能力,更好地适应你提出的工作要求。宽容就意味着能怀揣着“三人行必有我师”的心境,去审视每一个人。

---

① 参见《说苑·复恩》。

② 《论衡·卷二十八·书解篇》。

宽容在于能够容得下不同意见,通俗地说就是要有气量、肚量,这是考量干部很重要的测评点。古代,对帝王提出不同意见,叫"谏",但并不是所有的帝王都能听得进臣子的意见。正因为如此,刘邦"从谏如流"的事例得到了毛泽东的高度评价;"邹忌讽齐王纳谏"更是成为中学语文课本中的必学篇目。倾听别人的意见、接受别人的建议不仅是作为干部的修养,也是事业发展的必要条件。从领导原则上说,民主集中,民主就是要充分听取意见和建议;从人的能力上说,"三个臭皮(裨)匠,顶个诸葛亮","众人拾柴火焰高",一个人的智慧和能力毕竟是有限的,汇聚群众的力量才能不断把事业推进到新的高度。每个人的知识水平、经历阅历、眼界视角不同,看待同一个事情会产生不同的观点和方法,这正是需要我们汇集的,从不同角色的不同视角去审视问题,对于全面、综合地思考和分析问题是极具价值的。

宽容从本质上还是一种自信的表现。干部有能力掌控一切,才有胆识选择宽容的方式处理人和事。宽容背后还蕴含着"我本善良"的人性观。孟子云:"人性之善也,犹水之就下也。人无有不善,水无有不下。"①相信人是善良的,相信他所思所想是出于某种特定缘由的,即使偏离了善的方向,宽容是有助于补偏救弊的。而且,干部所面对的群体主要是国家公务人员,久经考验后才有资格进入这个行列,本身具有较好的个人素养,也为宽容创造了客观条件。

和宽容相关联的是亲民,亲民是宽容的附加值。干部对群众采取宽容态度,虚心接受批评,广泛听取意见,群众自然觉得你是亲民的。《管子》有云:

---

① 《孟子·告子上》。

莅民如父母，则民亲爱之。道之纯厚，遇之有(真)实，虽不言曰吾亲民，而民亲矣。莅民如仇雠，则民疏之。道之不厚，遇之无实，诈伪并起，虽言曰吾亲民，民不亲也。故曰:“亲近者言无事焉。”①

大致意思是说，统治人民要像对父母一样，人民自然会亲近和爱戴。用纯厚来治理，用实惠来对待，虽然口里不说我亲近人民，人民也是会来亲近的。如把人民当作仇敌，人民自然就会疏远。父母和孩子的比喻很好地诠释了宽容和亲民的内涵，父母对于自己的孩子必然是宽容的，孩子也自然会亲近父母。因为那是一种发自心底的关爱。同时也可以看出，要达到“民亲”的效果，也是有策略的，态度上要纯厚，行事上要有实效。

在干部的日常工作中，亲民还有一些具体的表现形式，例如谦和有礼、微笑沟通、换位思考、排忧解难。于是，干部的职业环境是温柔的，周围也会减少许多争吵和误解，再进一步，就是会拥有深厚的群众基础。当然，这具有一定的技术含量，特别是沟通问题，后文稍作展开。

勤政务实的人

这是推进事业前进、完成岗位任务职责的实力保障。“勤政”的基本解释就是恪尽职守，勤于政事，认真负责地为国为民做事；“务实”就

① 《管子·形势解》。

是讲究实际、实事求是。

明朝开国皇帝朱元璋是一个勤政的皇帝，尤其是他在左丞相胡惟庸谋反后，下令废除了丞相制度，要求六部直接对自己负责，等于自己承担帝王和宰相两个角色，事务之繁杂可想而知。[①] 还有清朝的雍正，设立了密折制度，全国有三千多名官员可以直接上书皇帝，而且件件都是机密，只能由他亲自来看，工作量之大不言而喻。更有"鞠躬尽瘁，死而后已"汉丞相诸葛亮。前文提到的唐朝宰相刘晏也是勤政的楷模，天一亮就办公直至半夜，假期也不休息，公事都是"当天事，当天毕"。《新唐书》上这样描述：

> 每朝谒，马上以鞭算。质明视事，至夜分止，虽休澣不废。事无闲剧，即日剖决无留。[②]

现代社会，"勤政"表现为面对困难不退缩，勇往直前，积极进取，想做事，多做事，为此有时甚至废寝忘食。尽管我们并不鼓励这样消耗性的拼搏，但不可否认，那些经常加班、随叫随到的人更能给人留下勤政的印象，在选拔过程中是加分的。

如果说古代帝王将相勤政是为自己、为千秋万代的帝业，那么今日之干部勤政就是要为国为民。《干部任用条例》对干部的条件要求"勤政为民"，就是要求干部立足岗位、埋头苦干、辛勤耕耘、默默付出，出发点和归宿是"为民"，就必须是"务实"的。

在《干部任用条例》中用了完整的一条提出了"务实"这个要求：提

---

① 参见《明史·本纪·卷二》。

② 《新唐书·列传·卷七十四》。

出要坚持解放思想，实事求是，与时俱进，求真务实，认真调查研究，能够把党的方针政策同本地区、本部门实际相结合，卓有成效开展工作，讲实话，办实事，求实效，反对形式主义。

“务实”一直是中国传统精神精髓，在我国古代，对世界观的研究远远逊色于对世俗社会现实的研究，中国文化注重现实、崇尚实干的精神影响了无数能人志士。在现代社会，“务实”从方法论上，是群众路线的具体化，也是“为人民服务”宗旨的具体展现。通常来说，务实可以包含这样几层意思：

一是从客观实际出发，实事求是。就是把客观存在作为思考问题、研究对策的出发点，主动去把握世界的本来面目，尊重事物的客观规律，尊重人的规律，尊重社会发展的规律，以科学的理论和现实的状态作为依据。在这方面，毛泽东同志的《湖南农民运动考察报告》《中国社会各阶级分析》《中国红色政权为什么能够存在》都应该说是典范，这些著作都是从客观实际出发，从不同角度研究当时中国问题的生动案例，对我们今天的改革与发展仍然具有极其重要的方法论借鉴意义。

二是扎实地开展工作。墨子云：“士虽有学，而行为本焉”，就是说做官不仅要讲究学问，还是要以行动为本，“事无终始，无务多业”[①]，重要的就是扎扎实实地行动、实践，做好每一件事情。荀子说：“道虽迩，不行不至；事虽小，不为不成”[②]；老子曰：“合抱之木，生于毫末；九层之台，起于累土；千里之行，始于足下。”[③]诸子百家的经典中频繁地强调了“作为”的重要性。从小事做起，从身边事做起，这就是扎实开展工作。“只有人们的社会实践，才是人们对于外界认识的真理性的标准……判定认识或

① 《墨子·修身》。

② 《荀子·修身》。

③ 《道德经·第六十四章》。

理论之是否真理,不是依主观上觉得如何而定,而是依客观上社会实践的结果如何而定。真理的标准只能是社会的实践。”①毛泽东将对实践的理解上升到了哲学高度,务实不仅仅是一种工作态度,更是一种认识论。

三是解决实际困难。就是要关心群众疾苦,帮助解决老百姓急需解决的问题和影响生活的难处、痛处。例如,上海地区有些老旧城区没有卫生设施,给人民生活带来极大不便,如果能改造卫生设施,方便百姓起居,这就是解决实际困难。又如,现在大城市私家车拥有量不断攀升,停车位捉襟见肘,如果能开辟更多停车设施,就是解决了实际困难。上海鼎鼎大名的徐虎,被评为“100 位新中国成立以来感动中国人物”之一,又是中共十五大代表,被授予全国优秀共产党员、全国劳动模范等荣誉称号,从 1989 年开始连续五届被评为全国劳动模范。他并没有“丰功伟绩”,只是脚踏实地地为居民进行水电维修、房屋养护,这解决的就是实际困难,深得民心。

四是注重细节。务实的人必然是注重细节的,因为细节在很大程度上影响到成效。《道德经》论述:

> 报怨以德。图难于其易,为大于其细;天下难事,必作于易;天下大事,必作于细。是以圣人终不为大,故能成其大。夫轻诺必寡信,多易必多难。是以圣人犹难之,故终无难矣。②

这里的意思是说:大是生于小的,多是起于少的。处理问题要从容易的地方入手,实现远大目标要从细微的地方入手。天下的难事,一定

① 《实践论》,载《毛泽东选集》(第一卷),人民出版社,1991 年,第 284 页。

② 《道德经 · 第六十三章》。

从简易的地方做起；天下的大事，一定从微细的部分开端。因此，有“道”的圣人始终不贪图大贡献，所以才能做成大事。那些轻易许下诺言的，必定很少能够兑现，把事情看得太容易，必定会遭到困难。因此，有道的圣人总是看重困难，所以就终于没有困难了。

估计老子对于细节重要性的论述还不尽兴，在六十四章再次论述：

> 其安易持，其未兆易谋；其脆易泮，其微易散。为之于未有，治之于未乱。合抱之木，生于毫末；九层之台，起于累土；千里之行，始于足下。为者败之，执者失之。是以圣人无为故无败，无执故无失。民之从事，常于几成而败之。“慎终如始，则无败事。”①

不管是直截了当地论述“天下大事，必作于细”，还是运用类比手法讲述大与小、整体与局部的关系，我们都能看到老子“细节决定成败”的观点。这就对官员提出了“大处着眼，小处着手”的标准。成果也会是无可挑剔的。勤政务实的干部通常成效显著，受人重视。

左右逢源的人

左右逢源这个词是有点怪的，往往指办事情得心应手、顺理顺畅的

---

① 《道德经·第六十四章》。

情况。但是有时候也用于贬义,形容人善用心计、为人圆滑的情况。

凡事尽量从好方面想,我们这里还是多做些正面的理解吧。

在职场中形容一个人左右逢源,意思是指他八面玲珑、在处理各种关系中收放自如、游刃有余,实质上就是一个协调力强的人,这是干部需要具备的重要本领。综合管理类型的干部并不一定需要冲锋陷阵,更多的是需要组织、调配好资源,为实现某一个目标齐头并进。这种组织、调配的能力就是协调。

"协调"就是处理各种关系,人与人的关系,部门和部门的关系,再具体一点,就是协调和上级的关系,和同级的关系,以及和下属的关系。干部要做事,但"做事"又离不开"做人",所谓的"做人"就是协调力,当然会涉及各种态度,也会涉及沟通能力。"做人"的目的是为了把事做好,要做好事就要学会"做人",两者相得益彰。同时,这也体现了集体主义的价值态度,任何事业的成功都不是个人单打独斗的结果。马克思主义哲学强调"人的本质是社会关系的总和","管理"更是各种社会关系的集中反映。那怎么样才算具有较强的协调力,能做到左右逢源呢?

有一种管理思想把领导简单区分为两种:一种是目标导向型的领导,一种是维持群体关系型的领导。再直白些说,前一种领导只管把事情做好,不大重视人际关系,而后一种领导的关注点往往着眼于维系良好的人际关系,并认为唯有良好的人际关系,才能把事情做好。其实,我们认为完全不能将上述两种取向割裂来看,在一个组织管理中,高明的领导当然要重视目标管理,但高明的领导往往通过维系良好的人际关系去实现组织的管理目标。

从这个角度来看,所谓的左右逢源正是这样的高明的领导。这样的领导应该具备这样的一些能力:

一是,有能力寻找到情感的共鸣点。

这在人际协调方面尤为重要,工作是由人来协调的,协调的也是人的关系,在整个协调过程中起决定性作用的就是人,而人都是有情感的,良好的感情基础对于构建和谐组织、高效实现组织目标具有重要作用。前文提到过诸葛亮协调关羽和马超关系的例子,孔明的高明之处就在于他找到了关羽的情感共鸣点,就是“护前”、就是“美其髯”,妥善地缓解了内部矛盾。在组织内部,感情是团结的前提,有助于促进团队进步;在组织外部,感情能展现出良好的工作外展性。这是协调的所有策略之基础。

二是,有能力捕捉到利益的共通点。

“负荆请罪”的故事广为流传,之前也提及,突出的是蔺相如宽容大度。其实,细细体味故事,也展现了他高超的协调技巧。《史记》记载,廉颇对蔺相如位居其上,颇为不满,准备伺机羞辱。蔺相如为人“宽容”,主观上希望协调和廉颇的关系,这时就需要有协调的能力。他的协调能力就表现在能够寻找到两人利益的共通点,就是“国家之急”,即国家利益。他认识到“彊秦之所以不敢加兵於赵者,徒以吾两人在也。今两虎共斗,其势不俱生。吾所以为此者,以先国家之急而後私雠也。”①

同时,他的处理方式是有策略的,并不是一味退让,而是借了第三者之口,将双方利益共同点传递给廉颇,才有了“负荆请罪”的佳话。这是主动协调同级干部之间的关系,为了共同目标奋斗。人际如此,部门之间亦是如此。这都需要干部具有大局观、整体观,要能总揽全局,只有以宏观的视野和宽广的气魄去审视问题,才能捕捉到各方共同的利益。

---

① 《史记·廉颇蔺相如列传》。

三是,有能力挖掘出分歧的折中点。

人与人之间、分工与分工之间存在分歧是司空见惯的,所谓“屁股决定脑袋”,文明一点的说法就是“位置决定想法”。这种分歧源于地位不同、角色不同、工作性质不同、内容不同、目标不同,办事的风格、思考起点和终点不同,每一种都可能产生分歧。协调力也体现在有能力在各种“不同”中求同存异,挖掘出彼此可以接受的退让尺度。这要求干部具有全局意识、协作意识和退让意识。

协调能力最终要实现工作的共赢。在建立感情基础上,通过挖掘分歧折中点,或者寻找利益的共通点,最终就是要能实现双赢。具体形式上可以是会议协调、现场协调、机制协调,等等,也可以是正式的协调或者非正式协调。

一般来说,相对正式的内容可以采用会议协调的方式;涉及部门较多的事件可以采取现场协调,让各个部门或者各个负责人当场陈述、讨论,现在常用的开现场会的模式就属于现场协调;涉及长远发展的可以采取机制协调,通过建立一定的规则来实现协调。这些都因人而异、因时而异、因事而异,随机应变。

善于沟通的人

要真正实现协调,需要具体的技巧,沟通就是最重要的协调技巧。沟通是手段,协调是目的,善于沟通的人协调能力强,就能左右逢源。

在2003年国家颁布的《国家公务员通用能力标准框架》(国人部发〔2003〕48号)中就将"沟通协调能力"作为公务员的通用能力,更何况干部,当然需要具备比普通公务人员更强的沟通协调能力。

沟通从基本解释上说,是人与人之间、人与群体之间思想与感情的传递和反馈的过程,以求思想达成一致和感情的通畅;也可以理解为"是人们分享信息、思想和情感的任何过程。这种过程不仅包含口头语言和书面语言,也包含形体语言、个人的习气和方式、物质环境——赋予信息含义的任何东西"①。这是一门专门的学问,内涵丰富,基本形式包括口头语言交流、肢体语言交流、书面语言交流等,至于许多沟通技巧上的是是非非,在各类沟通学的专门著作中都有详细阐述,我们只是将立足点放在干部这个角色上,依据沟通的流向性来提示某些要点。

良好的沟通应该能保持态度的相对一致性。作为干部角色的沟通,包括和上级的沟通、和同级的沟通以及部门内同下属的沟通。虽然统称为"沟通",但日常对上级的沟通常常称为"请示""汇报";和同级的沟通称为"协商""商量"或者"协作"等;在部门内和下属的沟通称为"指令""要求""部署"等。在沟通内容上是各异的,但我们提倡保持态度上的相对一致性,包括:

◇ 一贯的真诚、谦和态度

◇ 对对方基本人格的尊重

◇ 独立而理性的判断

◇ 多维度的评价视角

---

① [美]桑德拉·黑贝尔斯、理查德·威沃尔二世:《有效沟通》,李亚昆译,华夏出版社,2005年,第6页。

具体表现在，与上级沟通中，不卑躬屈膝、阿谀奉承，态度不卑不亢，遵从的同时保持自己独立的价值判断。遵从是因为不同的层级，以及由此产生的不同领导权限，但并不代表要磨灭自己对事情真实的态度。在与同级沟通中，能换位思考；在与下级沟通中，能亲切和蔼。因为干部在组织中具有权威性，工作的发布有指令性、类强制性，要能尽量淡化上下级差异，营造良好的组织环境。这种态度的一致性，接近于儒家提倡的君子“和而不群”的人格。在工作中无处不在的各种类型的人，作为干部只有保持独立人格，才可能真正和各方“和”，也就是实现良好的沟通，达成协调。

态度的一致性背后是干部正确的价值观、权力观。人是生而平等的，对于不同职务上的不同工作，只有工作内容、工作性质的差异，没有高低贵贱之分。在沟通中，依据的是不同观点和做法，并不是人格。如此，才有可能保持态度的相对一致性。

良好的沟通还应该能随机应变地实现沟通。这是做干部的智慧，在选任干部的时候就会考察候选人有没有这样随机应变、因人而异的能力。组织需要的干部在协调中，态度上保持着尊重与理解，但方式上要因人而异，因内容而异。沟通的内容有严谨的、严肃的，也有随意的、轻松的。针对严肃的内容采取相对正式的沟通方式，例如公函、会议、文件等形式；反之，可能就用一个电话、一个短信，甚至一个微笑。沟通的人也是云泥之别，性格随和、关系熟络的人可以采取比较轻松的方式，对刻板的人交流时需要正式、严肃一些。

三国时代有个高级干部，叫贾诩，侍从过几位领导，均被重用。他的沟通方式就很有技巧。《三国志》记载：

表诩为执金吾,封都亭侯,迁冀州牧。冀州未平,留参司空军事。袁绍围太祖于官渡,太祖粮方尽,问诩计焉出,诩曰:"公明胜绍,勇胜绍,用人胜绍,决机胜绍,有此四胜而半年不定者,但顾万全故也。必决其机,须臾可定也。"太祖曰:"善。"乃并兵出,围击绍三十余里营,破之。绍军大溃,河北平。①

贾诩说这段话的背景是:当时冀州尚未平定,袁绍在官渡包围了曹操,粮食将尽。曹操就询问贾诩有什么办法,贾诩回答的主要意思是要曹操"决断",但他没有直截了当地说,而是迂回地先夸他"明智胜过袁绍,勇敢胜过袁绍,用人胜过袁绍,当机立断胜过袁绍",同时,又为曹操预设了没有平定袁绍的原因在于考虑万全之策,这就是说连借口都设计好了。现在要平定,只要做出决断。贾诩熟知曹操的性格,同时考虑到这是与上级领导沟通,选择了十分婉转的策略来提醒曹操要决断。细细琢磨,他实际上是在含蓄地批评曹操过去四年在袁绍问题上的优柔寡断,如果直截了当地批评,效果会适得其反。

再来看两个人的另一段对话:

太祖又尝屏除左右问诩,诩嘿然不对。太祖曰:"与卿言而不答,何也?"诩曰:"属适有所思,故不即对耳。"太祖曰:"何思?"诩曰:"思袁本初、刘景升父子也。"太祖大笑,于是太子遂定。②

这次曹操在询问贾诩关于立嗣的问题。照理这是曹操的家事,作为臣子,且非旧部,贾诩怎么回答都不是很合适,一来不清楚曹操真正

①② 《三国志·魏书·荀彧攸贾诩传》。

的心思,二来明确表态容易陷于党权之争。他这次几乎是采取喃喃自语式的回避策略:借了当世袁绍和刘表废长立幼的失败案例来提醒领导要慎重,实在曲尽其妙。这种针对不同事情的不同处理方式是干部所需要具备的素质。当然,还有针对不同沟通对象的不同方式问题,如出一辙。

良好的沟通还表现为能采用最佳的呈现方式:最好的文字和最佳的演讲。人的才能需要有一定的机会、场合或者载体展现出来,众人是如何知道你的学识、经验、品行、功绩的?除了从旁观者口中获得间接评价,大多数人更相信自己的眼光,特别是通过语言讲述、文字表达。

历史上,最典型的就是科举制度。其实,在多数情况下,考试成绩的好坏和人品、能力、个性等等没有多大关联度,它既不像察举制以道德作为最基本选拔依据,也不同于九品中正制对门第家世的重视,选拔中对"文",也就是写作能力要求颇高,"文举"都是书面表达,以论文形式呈现,考察考生的是基础知识是否扎实、专业知识的深度、思维的完整性、逻辑的严密性、书写的规范性,等等。

到现代,每一次在公开场合的发言、每一页书面汇报材料都是展现自己真知灼见、奇才异能和劳苦功高的机会。内容层次是否具有逻辑性、语言或文字表达是否精练流畅、观点或做法是否具有创新性和独一性,都会堆积在旁人的思想中,逐步建立一个完整的人物形象,并与相应的职位需求构建连接,产生适合与不适合的认识定式。

因此,那些妙语连珠、能言善辩、善于舞文弄墨、笔底生花的人比较容易被关注到。灵动的思维、唇枪舌剑的语言能给人带来强烈的感官冲击。"晏子使楚"的典故至今被奉为经典,还有司马相如,世人多熟悉他和卓文君的爱情故事,殊不知他的官职是写文章写出来的。《史记》记载:

上读子虚赋而善之，曰："朕独不得与此人同时哉！"得意曰："臣邑人司马相如自言为此赋。"上惊，乃召问相如。相如曰："有是。然此乃诸侯之事，未足观也。请为天子游猎赋，赋成奏之。"上许，令尚书给笔札。相如以"子虚"，虚言也，为楚称；"乌有先生"者，乌有此事也，为齐难；"无是公"者，无是人也，明天子之义。故空藉此三人为辞，以推天子诸侯之苑囿。其卒章归之於节俭，因以风谏。奏之天子，天子大说。

……

赋奏，天子以为郎。[1]

司马相如就是凭借出众的文采博得领导赏识，提任为官的。虽然貌似草率，也不无道理。言由心生，语言也好、文字也好，都能在一定程度上呈现出人的内心世界；如今的总结、规划之类的很能反映出总结提炼能力、眼界、学识、见解和态度。能把话讲清楚、把文章写明白，是实现沟通最好的方式，很容易引起关注。

令行禁止的人

良好的规则意识是为官者的重要素养。而能够做到令行禁止的人

① 《史记・司马相如列传》。

一定是具有良好规则意识的人。

干部很重要的角色就是执行者，需要严格执行国家的法纪政规，做到“令行禁止”。实质上，中国古代的管子也好，荀子也好，“令行禁止”都是一种结果。管子云：“所爱之国，而独利之；所恶之国，而独害之；则令行禁止，是以圣王贵之。”[①]荀子则说：“听政之大分：以善至者待之以礼，以不善至者待之以刑。两者分别，则贤不肖不杂，是非不乱。贤不肖不杂，则英杰至，是非不乱，则国家治。若是，名声日闻，天下愿，令行禁止，王者之事毕矣。”[②]具体如何做到“令行禁止”，有很多渠道策略，反映出的则是强有力的执行能力。一个有强大执行力的人更容易被关注到。

执行，就是实行、实施，是落实，是实现组织目标的具体路径。事情是靠“做”出来的，协调也好，沟通也好，最终的关键在于怎么做才能实现目标，才能完成任务，更高的要求是最有效率。干部的执行力就是贯彻国家的路线方针，落实上级的任务、指示，解决基层群众困难的能力。那如何才算有执行力？

判断执行力的标准之一是能不能厘清头绪、洞见症结。干部所面临的问题纷繁复杂，千头万绪，要解决问题的前提就是在纷繁的头绪中厘清思路，找出关键问题。从哲学上讲，就是找到主要矛盾。最典型的例子就是毛泽东在中国兵戈扰攘的时代，在各种矛盾蜂拥而至之时，有能力找到不同阶段的不同主要矛盾，并确定相应的任务。[③] 普通干部的日常工作未必涉及治国理政的大政方针，更多的是社会各个阶层的工资、福利、社保、安全、纠纷，等等，但在每一件工作中都会存在主要矛盾

---

① 《管子·七法》。

② 《荀子·王制》。

③ 参见《中国共产党在抗日时期的任务》，载《毛泽东选集》（第一卷），人民出版社，1991年，第252页。

和次要矛盾。这就需要干部去梳理、分析、整合，这是透过现象看本质的本领，如此才能进一步设计策略和制定规划。

判断执行力的标准之二是能不能找到适切的策略。执行力的目标就是要解决问题，这就需要具体的、适切的方法，这是干部综合能力的反映。宋朝名臣韩琦有这样一段故事：

> 元昊介契丹为援，强邀索无厌，宰相晏殊等厌兵，将一切从之。琦陈其不便，条所宜先行者七事：一曰清政本，二曰念边计，三曰擢材贤，四曰备河北，五曰固河东，六曰收民心，七曰营洛邑。继又陈救弊八事，欲选将帅，明按察，丰财利，遏侥幸，进能吏，退不才，谨入官，去冗食。谓："数者之举，谤必随之，愿委计辅臣，听其注措。"帝悉嘉纳。①

这段故事的背景是西夏的李元昊依靠契丹，肆无忌惮，而宰相晏殊等又讨厌战争，听之任之，息事宁人。韩琦就觉得不妥，于是提出了解决问题的具体策略建议：清政本、考虑边境的事情、选拔贤才等，又进一步设计了"选将帅，明按察，丰财利，遏侥幸，进能吏，退不才，谨入官，去冗食"等几项策略，拉开了改革的序幕。这些"七事""八事"就是解决李元昊问题的具体策略，干部执行力就体现在这些策略上。

判断执行力的标准之三是能不能制订周密计划。计划是对未来的预计，打个形象的比喻就好像"通往彼岸的桥"，目标就是彼岸，桥就是计划，根据对途径的预设，一步步走近目标。著名的"隆中对"就是计划，刘备"三顾茅庐"之时，据《三国演义》描述，"兵不满千，将止关、张、

---

① 《宋史·列传·卷七十一》。

赵云而已”,但诸葛亮描绘了一幅激动人心的蓝图:

> 荆州北据汉、沔,利尽南海,东连吴会,西通巴、蜀,此用武之国,而其主不能守,此殆天所以资将军,将军岂有意乎?益州险塞,沃野千里,天府之土,高祖因之以成帝业。刘璋暗弱,张鲁在北,民殷国富而不知存恤,智能之士思得明君。将军既帝室之胄,信义着于四海,总揽英雄,思贤如渴,若跨有荆、益,保其岩阻,西和诸戎,南抚夷越,外结好孙权,内修政理;天下有变,则命一上将将荆州之军以向宛、洛,将军身率益州之众出于秦川,百姓孰敢不箪食壶浆以迎将军者乎?诚如是,则霸业可成,汉室可兴矣。①

这不是一次简单的对话,俨然就是一幅战略路径图:第一步占据荆州要地,第二步挺进益州,策略上“西和诸戎,南抚夷越,外结好孙权,内修政理”,一旦机会成熟,可以兵分两路,一路进攻宛城、洛阳,一路出兵秦川,最后的目标是“成霸业,兴汉室”。在分析各方势力的基础上,规划了挺进的线路,一步一个脚印地实现。干部就是要有这种规划发展、制定计划的能力。

判断执行力的标准之四是能不能及时自我修正。计划只是对实现目标的初步预计,具有一定的前瞻性,但也存在不确定性。现实未必事事如意,会出现各种意想不到的状况,这时,干部是不是能及时自我调整、修正策略以适应新的局面,关系到目标的达成状况。就像上述诸葛亮“隆中对”的战略计划,也并不是一帆风顺的。他最初看中“荆州”,本意是想直接攻打,占领后再图谋入川,“说先主攻琮,荆州可有”②,但

---

① 《三国志·蜀书·诸葛亮传》。

② 《三国志·蜀书·先主传》。

刘备说不忍心,就打乱了他的战略部署,直接导致了后来的“弃新野,走樊城,败当阳,奔夏口,无容身之地”。不过幸好诸葛亮的自我修正能力很强,占据益州的长远目标不变,占据荆州的中期目标也不变,只是修正了如何取荆州的方法。

判断执行力的标准之五是能不能建立通用规则。“没有规矩不成方圆”,规则是约束所有人、实现统一目标的最好策略。在任何时候,都是规则统治比人统治来得有效,规则能屏蔽掉各种因人喜怒哀乐的情感所产生的影响力或者干扰。执行力就是看干部能不能制定出通用的规则或者程序、流程,而不是单纯依靠个人的意志来开展工作。任何管理仅仅依赖于个体的才华横溢是无法长久的。规则的意义就在于对人们的行为设置了边界,在范围内各行其是,在范围外协同合作。

判断执行力的标准之六是能不能做到理性节制、简洁果断。孔子认为:“道千乘之国,敬事而信,节用而爱人,使民以时。”①意思是说,治理一个拥有一千辆兵车的国家,就要严谨认真地办理国家大事,同时又要恪守信用,诚实无欺,节约财政开支而又爱护官吏臣僚,役使百姓要不误农时,每一件事都要做,而且都要认真对待,但每件事都要严格把握尺度,过犹不及。中国的文化一直都很注重对尺度、分寸的把握,这就是理性节制,为政亦然。

> 仲弓问子桑伯子,子曰:“可也,简。”仲弓曰:“居敬而行简,以临其民,不亦可乎?居简而行简,无乃大简乎?”
>
> ……
>
> 季康子问:“仲由可使从政也与?”子曰:“由也果,于从政乎何

---

① 《论语·学而》。

有?”曰:“赐也可使从政也与?”曰:“赐也达,于从政乎何有?”曰:“求也可使从政也与?”曰:“求也艺,于从政乎何有?”①

孔子认为,办事简要的人、做事果断的人、通达事理的人都是可以为官的,这就是一种执行力的标准。

知人善任的人

圈子很重要,人脉很重要。当然,这里的“圈子”、这里的“人脉”都是要从正面理解的,即能够带来正能量的圈子和人脉。

俗话说:“一个好汉三个帮”,在干部选任过程中,人脉广、人缘好的对象更容易被关注到。人缘好的人经常会被不同的人想到、提到,不管这些人有没有初始提名权,经常被人提及,至少混了个耳熟、脸熟,留给领导团队一个好印象,脱颖而出的机会就多一些。《水浒传》中及时雨宋江就是在仗义疏财中广结人缘,建立了自己的朋友圈,拉个小群,圈了粉,最后在“公推直选”中就被推举为首领了。

广结善缘的人可以更快地获得有用的信息、得到更多人的协助,趋利避害。在现代社会,信息是很重要的资源,人脉广意味着朋友多,交

---

① 《论语·雍也》。

流互动的机会多、范围广，得到信息的机会就更多，这些信息不仅可以在危难时期摆脱困境，也有助于抓住机遇，寻求发展。政界、商界常有这么个说法，即“朋友也是生产力”，就是这个道理。人脉广的人还可以寻求到更多人的有效支持，解决问题。当然，人脉广不单单是指认识人多，更重要的是那些在困难时能帮到你的人多。

孟尝君结识“鸡鸣狗盗之徒”的例子家喻户晓，貌似百无一用的人，在你身处困境时能报之琼瑶。人脉广、人缘好的干部能在关键时刻借力打力、排忧解难，体现出执行力强的特点，自然更能得到领导团队的重视。

干部是要和人打交道的，需要处理各种关系，能不能知人善任、人尽其才，是评价干部水平的重要标准。干部要完成任务、达成目标，不能孤军奋战，要懂得团结和凝聚组织中的人才，用人之长、抑人之短，各司其职、各尽其用。《史记》记载了刘邦语录：

> 夫运筹策帷帐之中，决胜於千里之外，吾不如子房。镇国家，抚百姓，给餽饟，不绝粮道，吾不如萧何。连百万之军，战必胜，攻必取，吾不如韩信。此三者，皆人杰也，吾能用之，此吾所以取天下也。[①]

张良、萧何、韩信各有千秋，张良善运筹帷幄，萧何长于内政，韩信能冲锋陷阵，刘邦的本事就是发挥了他们的长处和优势，所以能夺取天下。干部就是要有这样的眼光和气魄。不仅要能识千里马，更要有放手大胆使用人才的胸襟。有些干部嫉贤妒能，致使事业功败垂成。在同一次对话中，高起、王陵比较刘邦和项羽，指出：

---

① 《史记·高祖本纪》。

项羽妒贤嫉能,有功者害之,贤者疑之,战胜而不予人功,得地而不予人利,此所以失天下也。[①]

知人善任最重要的表现就是能够发现别人的优点。子曰:“三人行,必有我师焉。择其善者而从之,其不善者而改之。”[②]每座山有每座山的风景,每个人有每个人的优点,关键是你愿不愿意承认,有没有发掘的眼光。这就是韩愈说的“千里马常有,而伯乐不常有”的道理。有时候,我们会过分关注自身的优势,而有意无意地过滤掉别人的那些闪光点。善于发现别人优点的人,心底是敞亮宽广的;只会聚焦别人缺点的人,心底是幽暗狭隘的。

并非所有能人贤才一出场就是自带光环的,相反,绝大多数主角都背负着人生苦痛艰难地登上历史舞台。辅佐齐桓公成为春秋时期第一位无可争议霸主的管仲,如果不是鲍叔牙知人善任,或许终身碌碌无为。正如他自己总结道:

吾始困时,尝与鲍叔贾,分财利多自与,鲍叔不以我为贪,知我贫也。吾尝为鲍叔谋事而更穷困,鲍叔不以我为愚,知时有利不利也。吾尝三仕三见逐於君,鲍叔不以我为不肖,知我不遭时也。吾尝三战三走,鲍叔不以我怯,知我有老母也。公子纠败,召忽死之,吾幽囚受辱,鲍叔不以我为无耻,知我不羞小节而耻功名不显于天下也。生我者父母,知我者鲍子也。[③]

---

① 《史记·高祖本纪》。
② 《论语·述而》。
③ 《史记·管晏列传》。

鲍叔牙就能够发现管仲身上的优点，知晓他贤明、有才干，并没有因为他的各种磨难而小视，反而推荐他，并且“以身下之”，实在难能可贵。《圣经 · 马太福音》写道：为什么看见你弟兄眼中有刺，却不想自己眼中有梁木呢？干部如果不能发现别人的优点，更需要从自身寻找原因。其原因或许就是妒贤嫉能，害怕别人超过自己，特别是职务、地位、身份跃居自己之上。于是将别人的优越之处视为“眼中钉”，通过“无视”甚至“陷害”来寻求自我的心理安慰，摆脱内心的忧虑。

经历丰富的人

现在选拔任用任何一个级别的干部都有关于具备一定工作经历的硬性条件，如一定的工作年限，下一级相关岗位的工作经历等。显而易见的是，我们任用干部希望能够任用到经历丰富的人。

经历丰富，通俗地理解就是做某一类型的事时间久了，碰到的情况多了，见识广了，积累的经验就多，知道该怎么处理。经多见广的人处理问题时稳重得体，知进退，善于把握分寸，对不同情况有不同的处理方式，能预判处理过程中可能出现的问题，并预设应对策略。

经历丰富包含了两种类型：一种是有丰富的基层工作经历；一种是担任过不同类型的职务，承担过不同类型的任务。前一种尤为重要。

韩非子提出:“宰相必起于州部,猛将必发于卒伍”①;唐朝张九龄建议:“宜遂科定其资:凡不历都督、刺史,虽有高第,不得任侍郎、列卿;不历县令,虽有善政,不得任台郎、给、舍……”②他们说的就是一个经历的问题。张九龄觉得,凡是没有做过都督、刺史的人,即使有很高的门第,也不能任侍郎及列卿;凡是没有做过县令的人,即使有好的政绩,也不能任台郎、给事中、中书舍人。《贞观政要》里侍御史马周上疏曰:

> 自古郡守、县令,皆妙选贤德,欲有迁擢为将相,必先试以临人,或从二千石入为丞相及司徒、太尉者。③

这样的观点似乎古今一致。《干部任用条例》第二章第八条所规定的担任党政领导必须的资格条件,第一条提到的是“基层工作经历”,后面都要求有下一级任职经历。这在本质上是一致的,就是强调在基层工作的经验。从现实干部状况来看,来源比较单一、经历比较简单的问题比较突出。这也是符合人才成长规律的,一般情况下,干部总是由基层做起,一步一步慢慢提拔的,有基层工作经验的人更容易得到领导和群众的认可。

首先,有基层工作经验的人可以避免纸上谈兵,空谈理论。多种经历,尤其是基层工作,是直面问题、直面老百姓的,低层级的工作能让人体会到理论和实践可操作性之间的差异,有思想的人更能寻找两者的结合点,为工作打开局面。不论是上级领导还是老百姓都不喜欢坐而论道、华而不实的干部。

---

① 《韩非子·显学》。

② 《新唐书·列传·卷五十一》。

③ 《贞观政要·卷三·论择官》。

其次,有基层工作经验的人更有解决问题的方法。由于他们了解困难出现的历史背景、缘由和过程,能把握住关键人物的关键心态,能够透过现象发现本质问题,进而能寻找出合适的解决途径。这也能为干部的宏观管理奠定基础,在未来制定政策时可以避免政策脱离实际的现象。

同时,有基层工作经验的人更容易和群众拉近距离,走群众路线。尤其是在基层工作的经历会让这些干部掌握群众喜闻乐见的表达方式,知道什么样的表情、语言、语序、肢体动作能引起他们的共鸣,也了解什么样的话题是老百姓津津乐道的,能采用老百姓听得懂的话语系统进行交流,消除隔阂,增进感情,也能避免自觉不自觉地脱离群众。总之,他们有较强的群众观念和群众意识,懂得依靠群众的重要性。

担任过多种职务的人能较快地适应不同工作岗位、任务和工作要求。由于多年不同类型的工作经历,在经常的角色转换中学会了迅速把握工作要点,适应性强,能驾轻就熟地进入状态。同时,经历丰富也意味着接触过形形色色的人,协调人际关系的能力也比较强。

功绩显著的人

选任干部需要选能够干事的人,特别是能够干出业绩的人。这是常识,也是常态。

我们平时对于干部的评价基本上属于非理性归纳的评价方式,最常见的就是说某位干部“能力强”。什么叫能力强?大概说话者自己也未必能解释清楚。能力的概念很宽泛,具体可以细化为很多方面,可以目测的是:评价者主要是从实际效果上来判断的,也就是这个干部曾解决了很多困难,处理了很多矛盾,推进了很多工作。这种干部是值得信赖的。中国古代诸子百家中有一家称为墨家,他的“官方发言人”墨子就指出:

故古者圣王之为政,列德而尚贤。虽在农与工肆之人,有能则举之。高予之爵,重予之禄,任之以事,断予之令。曰:“爵位不高,则民弗敬;蓄禄不厚,则民不信;政令不断,则民不畏。”举三者授之贤者,非为贤赐也,欲其事之成。故当是时,以德就列,以官服事,以劳殿赏,量功而分禄。故官无常贵而民无终贱。有能则举之,无能则下之。①

概而言之,他认为不管是从事农业、手工业、经商或者其他什么行业,有能力的人就应该被选拔,高官厚禄、位高权重,而给予其权力并不仅仅因为他的“德”,而在于“能”,在于能“成事”,就是把事情干好。墨子还举了前朝先贤例子加以说明:

故古者尧举舜于服泽之阳,授之政,天下平。禹举益于阴方之中,授之政,九州成。汤举伊尹于庖厨之中,授之政,其谋得。文王举闳夭、泰颠于罝罔之中,授之政,西土服。②

①② 《墨子·尚贤上》。

舜、益、伊尹、闳夭、泰颠这几位出身不同、行业不同，比如伊尹，是个厨子，但有能力，被商汤重用后，辅助商汤灭了夏朝，为建立商朝立下汗马功劳。传说他用烹调的理论来治理政事，这或许就是老子“治大国，若烹小鲜”的现实版。不同的工种并不阻碍他们成就大事，提拔的就是这类有能力的人。同时，墨子把“有没有能力、能不能做成事”还作为干部能上能下的标准，即所谓“有能则举之，无能则下之”①，又说：“贤者举而上之，富而贵之，以为官长，不肖者抑而废之，贫而贱之，以为徒役。”②这大概是干部能上能下的最早论述了。

功绩显著的人总是容易引人瞩目，因为体现的是不折不扣的执行力，可以完成上级布置的任务和要求；由于他创造性的方针策略，改变了某个领域，提升了竞争力，上级领导自然而然地会产生这样的判断：他有能力统领更大的团队、制定更大范围的政策和处理更复杂的事务。

从历史上看，功绩显著不是表现为战功显赫，就是执政有道。唐朝和武周时期的政治家狄仁杰以其断案如神名声远扬，至今还以此为题材拍摄了电影、电视连续剧。据《旧唐书》记载：

> 仁杰，仪凤中为大理丞，周岁断滞狱一万七千人，无冤诉者……居数日，授仁杰侍御史。③

大理丞只是大理寺的一个下设职务，大理寺的主官是大理寺卿，其次才是大理寺少卿、大理寺寺正，然后才轮到大理丞，品级序列上只是六品上。一个六品的副职官员在一年里处理了大量堆积的案件，涉及

---

① 《墨子·尚贤上》。
② 《墨子·尚贤中》。
③ 《旧唐书·列传·卷三十九》。

一万七千人,还没有冤诉的,可谓功劳显赫,自然就吸引了眼球,没多久就被提升了。

西汉循吏黄霸,“少学律令,喜为吏,武帝末以待诏入钱赏官”,就是这么一个捐财为官的小人物,因其治政有方,从“二百石卒史”升至“太守丞”“廷尉正”“丞相长史”“扬州刺史”“颍川太守”,天子还下诏书赞扬他:

颍川太守霸,宣布诏令,百姓向化,孝子弟弟贞妇顺孙日以众多,田者让畔,道不拾遗,养视鳏寡,赡助贫穷,狱或八年亡重罪囚,吏民向于教化,兴于行谊,可谓贤人君子矣。《书》不云乎?“股肱良哉!”其赐爵关内侯,黄金百斤,秩中二千石。①

从诏书中看出,皇上认为他的功绩在于治理颍川一地,使得“守孝之子、尊长之弟、贞洁之妇及乖顺之孙都日渐众多,在田地耕作的人互相谦让田界,路不拾遗,主动供养探望鳏寡老人,赡养帮助贫苦穷人,监狱甚至八年没有重罪囚犯”。于是就赐爵为“关内侯”,几个月后,又征召为太子太傅,又调任御史大夫,最后任宰相,“封建成侯,食邑六百户”。

黄霸的例子很典型,从卑微小吏凭借出色的治政才能,收获了成绩,也赢得了上级领导的重视,获得了提拔的机会。尽管史书记载,其间他经历了起起伏伏,颇多磨难,但不管在什么处境下政绩显赫,最终还是能引起上层关注,而功绩显著的潜台词就是能力超群。

在现代社会,功绩显著就简化为政绩,政绩成为干部工作成果的表征,能直接反映工作态度、工作能力,备受重视。不过政绩也只是一个

① 《汉书·循吏传》。

统称,可以是主政一个地方的国内生产总值的数值,可以是城市面貌的改观,可以是一些成功的大型活动等。后来异化出的各种政绩工程、短视效应,也正是因为政绩能吸引眼球,创造提任的机会。

随着信息的多元化、瞬时性,五花八门的热点不断冲击人们的感官,或许只有频繁地创造功绩,才有可能成功吸引上级领导的视线。这并不是一件轻而易举的事。而且,实质上人们已经对形式上的耳目一新产生了审美疲劳,只有真正直击基层,解决百姓实际困难的功绩才能引起普遍关注。而且从历史上看,和平年代功勋卓著的对象往往都是百姓,是民生。干部只有做出实实在在的事业,为人民谋得实实在在的利益,才能得到拥护和支持。2013 年,中共中央组织部就印发了《关于改进地方党政领导班子和领导干部政绩考核工作的通知》,明确提出,政绩考核要突出科学发展导向,设置各有侧重、各有特色的考核指标,把有质量、有效益、可持续的经济发展和民生改善、社会和谐进步、生态文明建设、党的建设等作为考核评价的重要内容。

口碑载道的人

干部好不好,群众最有发言权,是谓“金杯银杯,不如老百姓的口碑”。从历史上看,功绩显著的人通常会得到老百姓的认可,得到群众的拥护,从而获得上司赏识、进而提升的也不乏其人。上文说到的黄霸，班固在《汉书》中评价他：

霸以外宽内明得吏民心，户口岁增，治为天下第一。①

短短一句话，蕴含了丰富的内涵。史学家对他的评价是“治理本事天下第一”，这已经是最高褒奖了，治理的成效就是“户口岁增”，也就是户籍人数每年递增，这类似于今天我们核查国内生产总值增加值，是有数据印证的，户籍人数增加意味着这个地区经济繁荣、百姓安居乐业，而原因则是他“得吏民心”，不仅仅获得了官吏的认可，更重要的是获得了民众的点赞。做到这一点的策略就是“外宽内明”。正是由于有口皆碑，才得以步步高升。

再来看看狄仁杰的经历，史料记载：

俄转宁州刺史，抚和戎夏，人得欢心，郡人勒碑颂德。御史郭翰巡察陇右，所至多所按劾。及入宁州境内，耆老歌刺史德美者盈路。翰既授馆，召州吏谓之曰：“入其境，其政可知也。愿成使君之美，无为久留。”州人方散。翰荐名于朝，征为冬官侍郎，充江南巡抚使。②

得民心者得天下，狄仁杰做官能做到老百姓“立碑颂德”，可谓深得人心了，这样的干部群众基础深厚，深受器重，一定是能够得到提拔重用的。

明朝清官况钟发迹于刀笔小吏，但很重学校，礼敬文人儒士，宽厚

① 《汉书·循吏传》。
② 《旧唐书·列传·卷三十九》。

待民,治理有道,得到百姓的赞许,《明史》记载:

> 钟尝丁母忧,郡民诣阙乞留。诏起复。正统六年,秩满当迁,部民二万余人,走诉巡按御史张文昌,乞再任。诏进正三品俸,仍视府事。明年十二月卒于官。吏民聚哭,为立祠。[①]

在况钟遭母丧的时候,府中百姓上朝廷请求留下他。后来,他任满应当升迁了,所辖百姓二万余人又跑去向巡按御史张文昌述说,乞请再次留任。朝廷下诏令提升况钟正三品的俸禄,仍处理府事。第二年十二月,他在任上去世,吏民聚集痛哭,为他立祠。如此受到百姓爱戴的官员必定得到嘉许。

从领导的角度来看,被老百姓认可,一方面意味着他过去的工作卓有成效,业绩突出;另一方面,也意味着未来走上新的干部岗位后更有可能保持良好的干群关系,组织保持稳定,和谐发展,不会给上级领导添麻烦。

从老百姓角度来看,有群众基础,说明他过去的工作得到了大多数群众的信赖和肯定,说明他不会脱离实际,不会天马行空地瞎指挥,能办实事。而且,有群众基础的人通常德重恩弘、高风伟节,所谓"得道多助,失道寡助",得到更多人的尊重、信赖和推荐,更可能相信群众、依靠群众、发动群众形成合力,执行"从群众中来,到群众中去"的群众路线,得到多数人的支持和帮助是事业成功的重要保障。有群众意识的人自然会得到青睐。在《干部任用条例》第一章第二条选任原则中,也旗帜鲜明地树立了"群众公认"的导向。

---

① 《明史·列传·卷四十九》。

怎么才能判断干部有没有群众基础，百姓是不是赞许？类似狄仁杰、况钟那种民众上书、勒碑立祠，顶礼膜拜的形式在今天已无法复制，至多也就是做面锦旗，略表感激之情。现在干部的口碑，只能出于百姓口中，藏于心中，口口相传，因此在干部选任过程中，应尤其重视听取群众意见的环节，这是检验群众基础的适合时机。

年轻有为的人

民间曾有说能够被提拔任用的有一些基本要素，所谓“学历不可少，年龄是个宝……”诸如此类。年轻，还真是一种本钱。

年轻是一种财富，也是一种资本，年轻有为最能引人瞩目。古时年少成名的人屡见不鲜：“孔融让梨”“曹冲称象”至今仍是幼儿启蒙教育必讲的典故；骆宾王七岁作的诗“鹅，鹅，鹅，曲项向天歌……”家喻户晓。诸葛亮二十七岁初出茅庐；西晋时“挚瞻曾作四郡太守，大将军户曹参军，复出作内史，年始二十九”①；霍去病十八岁就任侍中，追随大将军卫青，任嫖姚校尉，带领八百名轻骑勇士夺取战功，捕杀敌人极多。汉武帝说：“票姚校尉去病斩首捕虏二千二十八级，得相国、当户，斩单于大父行籍若侯产，捕季父罗姑比，再冠军，以二千五百户封去病为冠军侯。”②

① 《世说新语·言语》。

② 《汉书·卫青霍去病传》。

弱冠之年就封了侯，可谓年少得志。

《三国志》里描绘孙坚：

少为县吏。年十七，与父共载船至钱唐，会海贼胡玉等从匏里上掠取贾人财物，方於岸上分之，行旅皆住，船不敢进。坚谓父曰："此贼可击，请讨之。"父曰："非尔所图也。"坚行操刀上岸，以手东西指麾，若分部人兵以罗遮贼状。贼望见，以为官兵捕之，即委财物散走。坚追，斩得一级以还。父大惊。由是显闻，府召署假尉。①

意思是说，孙坚年轻时就做过县吏。他十七岁那年，与父亲一同坐船到钱塘，正碰上海盗上岸抢掠商人钱财后，在岸上分赃，来往行人和船只都不敢靠近。孙坚对父亲说："我去把这些强盗捉拿住"，父亲不允。但孙坚当即提刀上岸，用手东指西指的，就像在分派几股队伍去包围强盗的样子。那些强盗见如此情形，以为是官兵来围捕，吓得赶紧扔掉抢来的钱财四散而逃。孙坚紧追上去，砍下一个强盗的脑袋带回来。自此声名大振，州府召他代理校尉。

近代中国，逢乱世，1894 年，也就是孙中山二十八岁那年，就上书直隶总督、北洋大臣李鸿章，提出"人能尽其才，地能尽其利，物能尽其用，货能畅其流"的改革主张；同年 11 月，孙中山从上海去檀香山，组织兴中会，取"振兴中华"之意，以"驱除鞑虏，恢复中国，创立合众政府，倘有二心，神明鉴察"为誓词。到 1921 年，同样是二十八岁，毛泽东作为年轻党员的代表，出席了中国共产党第一次代表大会。

对于干部"年轻化"的提议，毛泽东等老一辈无产阶级革命家及改

① 《三国志·吴书·孙破虏讨逆传》。

革开放后的历任领导人,都曾在不同场合下提倡过。毛泽东同志认为:“有计划地培养大批的新干部,就是我们的战斗任务。”①

1980 年 8 月 18 日,邓小平在中共中央政治局扩大会议上做了题为“党和国家领导制度的改革”的讲话,提出干部队伍“年轻化、知识化和专业化”以及“提拔使用制度化”的方针和建设目标。他提道:“陈云同志指出,我们选干部,要注意德才兼备。所谓德,最主要的,就是坚持社会主义道路和党的领导。在这个前提下,干部队伍要年轻化、知识化、专业化,并且要把对于这种干部的提拔使用制度化。”②从中也可以看出,不仅是邓小平,包括陈云等老一辈国家领导人,都对当时中国社会的干部状况忧心忡忡,希望通过更迭和建制来实现骨干队伍的构建。

干部“四化”的提法和当时“青黄不接”的干部状况以及整个世界飞速发展的社会现实有很大的关联。“文革”结束不久,回到领导岗位的老同志经受了身体和精神的磨难,年高体弱,很难胜任百废待兴的事业需要。时代又在跳跃式地前进着,扑面而来的信息化浪潮逐渐超越了老同志们的认知和学习进程,此时,提出“年轻化、知识化和专业化”的标准,是顺应社会发展的需求,是有历史意义的,事实证明,大量的年轻干部在此过程中脱颖而出,成为后来国家和社会的栋梁。

作为干部选任的指导性文件《干部任用条例》第一章第三条中也提出“应当注重培养选拔优秀年轻干部”。

为什么优秀年轻干部总是那么引人瞩目?这和人们对年轻人的评断定位有关。大多数人认为,年轻人尽管可能有知识、有才华,也有干

---

① 《中国共产党在民族战争中的地位》,载《毛泽东选集》(第二卷),人民出版社,1991 年,第 526 页。

② 《党和国家领导制度的改革》,载《邓小平文选》(第二卷),人民出版社,1994 年,第 326 页。

劲,但办事毛糙、冲动、不稳重,缺乏经验,考虑不周全,以至于不成大事。而一旦发现有些优秀的年轻干部显现出超越年龄的沉稳老练,同时又具备了创造精神和工作热情,人们自然刮目相看。

年轻人具有一些显而易见的特点:热情,创造力强,精力充沛,有强烈的事业心和求胜心,有理想有梦想,这些都是成就事业的特质。尽管普遍认为年纪稍长一些的干部经验丰富、办事稳妥,但也容易被固定思维所局限,难以突破旧框框。这也正是年轻干部所擅长的。

从心理上说,领导也会觉得选任一个年轻有为的干部,有助于形成良好的干部梯队。从目前《干部任用条例》上看,干部都需要有一定的下层工作履历,如果选任干部年龄较大,可能会造成越是上层的干部,可选择的对象越少的窘迫现象,这也是各个时期都特别重视选拔年轻干部的重要缘由。

建言献策的人

领导可能是专家,也可能不是,这话怎么讲?那些从专业技术岗位走上综合管理岗位的领导干部,其本身的专业能力突出,拥有教授、高级工程师、高级经济师等头衔的不在少数(这已经作为选任的必要条件),可谓是某个领域的专家了。也有另一些从基层公务员逐级晋升,尽管可能拥有某某专业硕士、博士的学历,但工作伊始就从事综合管理的工作,并不具备专业领域的权威地位。但不论是不是专家,在综合管理中都不可能成为每一件具体事务的专家。比如说,大学里一位语言学教授被任命为校长,尽管他在语言学领域是专家,但在学校管理中涉及基础建设、财务、人事、宣传,以及其他各个院系的专业研究范围,他并不具备更多的专业知识。

这个时候,领导需要做的重要工作就是决策,而决策的前提是有可供选择的策略,那就需要有出谋划策的人,如果你的谏言多次被采纳,你就更容易被委以重任。

晋朝名将羊祜在三国后期,上疏陈述了当时的政治格局及晋朝的优势,并比较了之前平定的西蜀与东吴的状况,进而提出了进攻东吴的具体策略:

> 今若引梁益之兵水陆俱下,荆楚之众进临江陵,平南、豫州,直指夏口,徐、扬、青、兖并向秣陵,鼓旆以疑之,多方以误之,以一隅之吴,当天下之众,势分形散,所备皆急,巴汉奇兵出其空虚,一处倾坏,则上下震荡。……一入其境,则长江非复所固,还保城池,则去长入短。而官军悬进,人有致节之志,吴人战于其内,有凭城之心。如此,军不逾时,克可必矣。

在他病重之时,再次献策:

> 今主上有禅代之美,而功德未著。吴人虐政已甚,可不战而克。混一六合,以兴文教,则主齐尧舜,臣同稷契,为百代之盛轨。如舍之,若孙皓不幸而没,吴人更立令主,虽百万之众,长江未可而越也,将为后患乎!

一直到羊祜死后两年，平定吴国的庆功宴上，大臣们纷纷举杯敬酒祝贺，皇帝却流泪感叹：“此羊太傅之功也。”[①]类似的情况还有三国时期著名的“郭嘉遗计定辽东”，出色的计谋策略总是能让领导印象深刻。而且优秀的谋臣提出的建议应该是可供选择的，每一项建议都陈诉利弊，供领导选择。《旧唐书》记载隋炀帝时期，天下动荡，杨玄感筹划起兵，暗中派人到长安迎接李密，让他主持谋划工作，李密就提出了三种战略：

> 今天子出征，远在辽外，地去幽州，悬隔千里，南有巨海之限，北有胡戎之患，中间一道，理极艰危。今公拥兵出其不意，长驱入蓟，直扼其喉。前有高丽，退无归路，不过旬朔，赍粮必尽。举麾一召，其众自降，不战而擒，此计之上也。关中四塞，天府之国，有卫文升，不足为意。若经城勿攻，西入长安，掩其无备，天子虽还，失其襟带。据险临之，固当必克，万全之势，此计之中也。若随近逐便，先向东都，顿坚城之下，胜负殊未可知，此计之下也。[②]

当然，杨玄感最后选择的是下策，他认为李密的下策反而是上策。最终如何选择和领导的政治事业、格局和性格有关，但能提出上中下三条策略供领导决策，体现了善于从不同的角度思考问题、综合分析问题的能力，领导自当刮目相看。

也有一种献策是指出领导的不足，纠正不合理的做法，古时候称为“谏”。诸葛亮的《出师表》希望刘禅要“亲贤臣，远小人”，贤臣就是敢于进谏、提出意见建议的人。墨子说：“臣下重其爵位而不言，近臣则

---

① 《晋书·列传·第四章》。

② 《旧唐书·列传·卷三》。

喑,远臣则吟,怨结于民心。谄谀在侧,善议障塞,则国危矣。”[①]意思是说,如果臣子只以爵禄为重,对国事不发表意见,近臣缄默不言,远臣闭口暗叹,怨恨就郁结于民心了。谄谀阿奉之人围在身边,好的建议被他们阻障难进,那国家就危险了。历史上以进谏闻名的魏征、包拯、海瑞等人也都为世人颂赞。唐太宗在魏征死后,还向群臣倾诉:

> 夫以铜为镜,可以正衣冠;以古为镜,可以知兴替;以人为镜,可以明得失。朕常保此三镜,以防己过。今魏征殂逝,遂亡一镜矣。[②]

提出意见建议的人对于事情有自己独特的见解,而且勇于直言不讳地提出问题,甚至一针见血地指出要害,总能有助于改进工作,提升效能。当然,谏言献策要注意方法,注意场合和策略。《庄子·外篇》有云:“世俗之人,皆喜人之同乎己而恶人之异于己也”,这也是人之常情。适合的沟通和陈述方式有助于实现最佳的谏言效果。

谦虚不争的人

现实中,我们经常会面临这样的场面,领导和你促膝而谈,慈祥和蔼地询问你:接下来要安排岗位了,你想要到哪里去?一般这个时候,

---

① 《墨子·亲士》。
② 《贞观政要·卷二·论任贤》。

最佳的回答是:“服从领导的安排。”

《宋史》记载了王安石这样一段经历:

> 擢进士上第,签书淮南判官。旧制,秩满许献文求试馆职,安石独否。再调知鄞县,起堤堰,决陂塘,为水陆之利;贷谷与民,出息以偿,俾新陈相易,邑人便之。通判舒州。文彦博为相,荐安石恬退,乞不次进用,以激奔竞之风。寻召试馆职,不就。①

王安石是考中进士入仕的,当时制度规定,任职期满,准许呈献文章要求考试馆阁的职务,但他没有这么做,又去担任了鄞县知县。在鄞县时修筑堤堰,浚治陂塘,方便了水陆交通,又把官仓的粮食借贷给百姓,秋收后百姓再加利偿还,官仓中的陈谷能够换新粮,治理好了一方土地,声名鹊起。时任宰相的文彦博就向朝廷推荐他,推荐他的理由就是他淡泊名利。在中国官场,谦虚不争,反而更能博得好感,引起注意。这是中国传统文化的展现。

中国文化讲究谦逊不争,道家讲“无为而治”,是要“顺道”而行,“顺”就是顺应、符合、遵循、因循;“道”就是规律,时代的规律、社会的规律、百姓的规律、事的规律,以及行事的规律,“顺道”了,自然是“无为”的,这样才是合格的干部。这也成为社会对理想干部的形象预期。

既然是顺道,在对待干部的选任上就要谦逊不争,用通俗的话说就是“做人要低调”,不张扬,不自夸,因为:

---

① 《宋史·列传·卷八十六》。

不自见,故明;不自是,故彰;不自伐,故有功;不自矜,故长。夫唯不争,故天下莫能与之争。古之所谓"曲则全"者,岂虚言哉!诚全而归之。[①]

不自我表扬,反而显山露水;不自夸,反而能得到功劳……这就是在提醒世人做人要内敛、要含蓄。同样的观点,又进行反证:"自见者不明;自是者不彰;自伐者无功;自矜者不长"[②]。不自见、不自是、不自伐、不自矜的人能被大家认可,不争,天下才没人能和他相争。

而且不争才不会招致怨恨:上善若水,水善利万物而不争。处众人之所恶,故几于道。居善地,心善渊,与善仁,言善信,政善治,事善能,动善时。夫唯不争,故无尤。[③]

不争,才能充分调动别人的能力:善用人者,为之下。是谓不争之德,是谓用人之力,是谓配天古之极。[④]

不争,才能成全自我:是以圣人后其身而身先,外其身而身存。非以其无私邪?故能成其私。[⑤]

不争,才能所向披靡:是以圣人欲上民,必以言下之;欲先民,必以身后之。是以圣人处上而民不重,处前而民不害。是以天下乐推而不厌。以其不争,故天下莫能与之争。[⑥]

"不争"的理念,在不同的场景下被重复、强调和深化,充分体现了老子朴素辩证法的思想,将"争"与"失"、"不争"与"得"辩证统一起来,

---

① 《道德经·第二十二章》。

② 《道德经·第二十四章》。

③ 《道德经·第八章》。

④ 《道德经·第六十八章》。

⑤ 《道德经·第七章》。

⑥ 《道德经·第六十六章》。

就是告诫人们要遵循规律,这就是善,是无为,是管理的最高境界。在现实的官场,世人看多了急功近利、贪功求名的干部,最终被关注、被选任、大权在握的恰恰是那些深藏不露、大智若愚的“不争”之人。

《后汉书》记载冯异:

> 异为人谦退不伐,行与诸将相逢,辄引车避道。进止皆有表识,军中号为整齐。每所止舍,诸将并坐论功,异常独屏树下,军中号曰“大树将军”。及破邯郸,乃更部分诸将,各有配隶。军士皆言愿属大树将军,光武以此多之。①

冯异为人就谦逊,不夸功,在路上与其他将领相逢,常常引车避道,进退都有标帜,军中号为整齐。每次驻扎休息,诸将们坐在一起论功,冯异独自隐藏树下。光武帝在这点上格外看重他,后来就封了侯。

当然,谦逊不争并不是无所作为,庸庸碌碌,其前提是有才干、有能力,而且功绩显著,而能不居功自傲,体现的是人的素养和内涵。你时刻要提醒自己,越是备受器重、越是功绩显赫的时候,越要谦虚谨慎。骄傲自满、目中无人,最后身败名裂的例子历史上也是屡见不鲜。从现代政治学观点来看,“不争”也是服从组织利益,服从大局利益的表现。

---

① 《后汉书·冯岑贾列传》。

常怀平常心的人

人世间的事情有时候往往是捉摸不透的。说起来，古往今来，前面也说过的，有为官之宏图大志，当为正常的人生追求。但是在现实社会中，有的人往往削尖了脑袋，一门心思想往上走，但恰恰事与愿违，总是不能如意；而另外也有一些人，他们淡淡定定，始终保持一个平常心，倒往往是前程似锦，老百姓的说法就是，这个人“一不小心”就当上了某一职级的高官，如此而已。

其实说到底，无论什么社会、什么情况下，常怀一种平常心，无论是对于做人，还是做官，都是重要的素养。

上面我们罗列了形形色色的人，这些人由于某种特质更容易被领导和群众关注到，更可能成为初始提名对象，更有机会成为干部。然而世界并不是一成不变的黑与白，事情并非截然分割成对与错，世人也不是只有好与坏、善与恶，那些令人羡慕的品行能力不可能集中于某一个人身上，大家不屑一顾的人也并非一无是处、百无一用。世间万物阴阳相生，人心毁誉参半。

在选任干部问题上，见仁见智，重要的是看人的主流，也就是矛盾的主要方面：这个人总体上具备什么样的特性，德行上有没有与众不同的地方，是否足以弥补其他的不足，同时，能力上是不是有短板，是不是会拉低综合评分；也要看这些主要特性和职务需求、职务性质和类别的匹配度。例如,新设置的岗位一般需要开拓性、创新能力更强的人;关注民生的岗位需要全局性、稳定能力更强的人;主要进行政策执行和落实的部门对于纪律性和执行力要求更高。

凡是归属于这些类型的人,也并非稳坐钓鱼台,权力并非唾手可得。干部选任工作中有很多偶然和不确定因素,是机遇,也是运气。要保持着一颗平常心,平常心是对待事业、对待成功的一种境界,是从容的心态,是对自己成就的满足和对生存的感恩。

能不能被选任,是主观和客观条件综合运作的结果,尽心尽责,顺其自然,或许水到渠成,也或许黄粱一梦,万事不可强求。

然而凡事不去强求的人,有时候恰恰能够完成!

第五章　为什么有些人当不了干部

尽管大众普遍觉得干部工作套路很深，“兵无常势，水无常形”。当然也总是有一些人牢骚满腹，埋怨这个埋怨那个，认为世道不公，没有关系上不了台阶，如此如此。当然，我们也无法就这种似是而非的情况做出判断，更不能就个别人的个别案例提出意见，在研究干部选任过程中，很难综合出涵盖一切的模式，只能选取某些角度来进行分析。在前一章我们大致分析了哪些类型的人能够进入组织的法眼，不断地得到提拔任用。在这一章里，我们还要来看看，为什么有些人就是不能进入组织的视线，甚至不管是上级领导还是基层群众，都不会把他们纳入选拔的对象，我们也试着把共性陈列出来。

那么究竟是哪些人当不了干部呢？

“没肩膀”的人

世间大小事皆有前因后果。一个理性的人可以从盘根错节的复杂事件中理清头绪，追根溯源，这是处理事件的基本态度，但分歧点就在于这个过程的出发点和归宿。一个合格的干部会置身事中，将自己作为整个事情因果关系中的一个环节去思考，并愿意承担相关的责任。

很多人都熟悉诸葛亮“挥泪斩马谡”的故事，但可能不知道在此之后，他并没有把责任推卸在马谡身上，上疏曰：

> 臣以弱才，叨窃非据，亲秉旄钺以历三军，不能训章明法，临事而惧，至有街亭违命之阙，箕谷不戒之失，咎皆在臣授任无方。臣明不知人，恤事多暗，《春秋》责帅，臣职是当。请自贬三等，以督厥咎。①

他承担了整个事件的主要责任，并自责未能按照规章严明军纪，面临大事又犹豫决策，处事不谨慎，用人不当，自请降职三级，以罚过错。这就是责任的担当。

而也有些人会在发生问题时，选择置身事外，总是能从细枝末节中找出和其他因素的关联度，也就是推卸责任，而且习惯成自然，每逢大小责任都习惯性地推卸。

一种情况是在执行任务过程中，将主要职责推诿到其他部门或其他人员，这是一种偷懒、懈怠、散漫的工作作风，不管能不能干成，都不想干、不愿干，对工作敬而远之，是“不求有功，但求无过”，明哲保身的中庸思想。

还有一种情况是在工作中一旦出现困难、错误或者其他繁难的问题时就推卸责任，不是将责任归因于其他部门，就是找个下级官员来“背黑锅”，甚至于直接将责任转嫁给制定政策的上级部门，通俗地说，就是“没肩膀”。推卸责任就意味着这个责任得由其他人来承担，不管最后是谁被问责，这类人就不具备“勤政务实”的态度，品行、担当和能力必然是被各方质疑的。

推卸责任是一种“投射性”指责行为，指责他人而感觉不到自己的疏忽。从心理学上分析，也是一种自我防卫机制，通过责任转移，完成

---

① 《三国志·蜀书·诸葛亮传》。

自我欺骗,实现自我美化的效果,也达到保护自我的目的。尤其是意图保护自己在上级领导和同事面前的良好形象,但实质上往往事与愿违,推卸责任只会给人一种敷衍、缺乏责任心、没有担当的印象,干部选任中必不被重视。

“捣糨糊”的人

这类人的主要特征是不主动发现问题、不愿意解决问题,或者没有能力解决问题,他们在工作中常见的话语系统是:

> 我也不知道问题出在哪里了;
> 你去问问××部门吧;
> 我已经想尽办法了,实在解决不掉;
> 这个问题由来已久,我也没有办法。
> ……

“没有办法”是频率最高的托词。于是推诿扯皮,做起事情来不认真、不踏实、不用心,敷衍了事,效率低下。

不选择这类人的理由是显而易见的,任何选拔干部的过程中,解决问题的能力都是最重要的衡量标准之一。这类人,一方面是不能完全根据要求完成上级布置的任务，总是在政策自上而下贯彻过程中，偷工减料、七折八扣，难以展现政策的一致性，从而引发了群众对制定主体的不满；另一方面，在自己管理的领域中，又出现了五花八门的问题、难题，同时也无法提供有效的解决方案，即便勇于承担，也顶多给人一种“态度好的庸人”印象，上升空间比较有限。

“捣糨糊”现象的危害是浪费资源、延误时机和限制人才。干部拥有分配资源的权力，“捣糨糊”就意味着没有合理充分、最有效地配置这些资源，导致资源浪费；社会局势瞬息万变，事业的发展需要把握时机，“捣糨糊”也意味着肆意挥霍了一次次的发展机遇；干部占据了岗位，把持职权，“捣糨糊”就阻碍了其他有能力、有干劲的人走上领导岗位，限制了人才的发展。《人民日报》2018 年 2 月 2 日刊发了《治治“官场敷衍病”》的文章，特别指出“庸官非良吏，同样不可重用”，决心可见一斑。

“摆不平”的人

前几年笔者常听一单位主要领导说，身为中层干部的某某某如何如何不行，部门的事情摆不平，矛盾重重，如此如此，这般这般。

一个你自己部门、自己单位都摆不平的人，往往也很难入围被提拔任用的名单。

“摆不平”就表示组织内部矛盾突出，举报不断。稳定一直是上级领导对干部最基本的管理目标，从管理理论分析也是殊途同归。稳定的架构、和谐的氛围是一切组织生存和成长的前提，如果连最基础的组织稳定和谐、对管理人员的敬重都无法实现，更不要说激发员工热爱事业的心思和不断进取的动力了。

组织内部的矛盾一般有党政不和、班子不团结、干群矛盾、群众矛盾几类。所谓党政不和，就是党务和行政的主要负责人之间存在矛盾，不管是“面和心不和”的貌合神离还是“有你没我”的针锋相对，都已经是“直面惨淡的人生”了，矛盾会致使观点的直接对抗，影响了客观理性的判断，进而影响到决策结果，阻碍了事业的发展和组织的成长。

班子不团结就是班子成员，包括党政一把手，以及各个副职都界限分明、各自为战，甚至壁垒分明、枘凿冰炭、互不相合。由于班子成员之间的分立，通常会导致下属成员各自依附，如旧时诸侯割据，风行雨散，一盘散沙，没有凝聚力、战斗力，更为严重的是会面临组织瘫痪、功能丧失的危险。

干群矛盾，就是干部和群众之间存在矛盾，或者是针对个别干部的，又或者是针对整个班子的，同样极其消磨成员的斗志。

不管是什么类型的内部矛盾，身处其中的人都很难得到领导和群众的关注，道理很简单：连目前的组织都不能驾驭，怎么可能放心交付其去面对更复杂的局面？

“拍马屁”的人

民间常有这样的议论，总觉得某人之所以得到提升，如何如何地与领导走得近，如何如何地拍领导马屁，然后获得了领导的器重之类。

于是有人常会产生这样的误解，多讲讲领导好话，多顺从着领导的意思，人云亦云、阿谀奉承，领导总是开心的。这个没错，俗话说“千穿万穿，马屁不穿”，这里“穿”是“破”的解释，就是什么都会破，只有马屁不会破，“经久耐用”。诚然，听到赞扬、肯定总是件愉快的事情，但这和选拔领导时的态度迥然有异。

我们不排除存在着因阿谀奉承而产生倾向性选择的现象，但绝大多数领导和群众看待人的观点都会是全面而客观的，在享受着赞扬带来的内心满足时，依旧会分析这种赞扬背后的缘由，依旧会对人进行理性的判断。具体到选任干部时，对于干部未来的执行力、协调力，以及个人品行的考量会占据主要地位，而那些只会“拍马屁”的人给大家带来的印象就是缺乏自我判断能力、趋炎附势，大家并不相信这样的人未来能给组织带来积极的影响。

明朝永乐年间有一个叫吕震的官员以阿谀奉承出名，史料记载：

震为人佞谀倾险。永乐时，曹县献驺虞，榜葛剌国、麻林国进麒麟，震请贺。帝曰：“天下治安，无麒麟何害？”贵州布政使蒋廷瓒言:“帝北征班师,诏至思南大岩山,有呼万岁者三。”震言:“此山川效灵。”帝曰:“山谷之声,空虚相应,理或有之。震为国大臣,不能辩其非,又欲因之进媚,岂君子事君之道?”郎中周讷请封禅,震力赞之,帝责其谬。[①]

记录说:吕震为人善于献媚奉承而且阴险。当时,曹县进献驺虞,榜葛剌国、麻林国进贡了麒麟,吕震就要祝贺。皇帝就说了:“天下治安,没有麒麟又有何妨?”贵州布政使蒋廷瓒说:“皇上北征班师,诏书传到思南大岩山时,山谷传出三声万岁。”吕震又赶紧奉承:“这是山川显灵了”,皇上说:“山谷之声,空虚相应,是有可能的。吕震身为国家大臣,不能辨别是非,还想借机献媚,这岂是君子事君之道?”郎中周讷请求封禅,吕震极力赞成,皇帝责备他荒谬。

史书上有记载的人都是有头有脸的,吕震也算是当时的重臣,卑谄足恭的“事迹”被写进历史倒也罕见,可见已经到登峰造极的境界了。但他溜须拍马的本事并没有得到更多的奖赏,朱棣在这个问题上还算思虑恂达,屡次批评了他。

《说苑》中论述了为人臣的六正六邪,其中“一邪”为:

二曰主所言皆曰善,主所为皆曰可,隐而求主之所好即进之,以快主耳目,偷合苟容与主为乐,不顾其后害,如此者谀臣也。[②]

意思说,认为君主说的话都是好的,君主的所作所为都是对的,只

---

① 《明史·列传·卷三十九》。

② 《说苑·臣术》。

会趋炎附势,助长君主的逸乐,不顾后果,这样的臣子,是谀臣。魏征在一次上书中也用到了这六正六邪[①]提醒唐太宗。一个公正的选拔制度是不会考虑这样的人。

耍“小聪明”的人

中国人讲“小聪明”的时候,带有贬义成分,却又不完全持否定态度。小聪明,也是聪明,肯定了这个人机智伶俐、颖悟绝伦,加了个“小”字,就意味深长了,言下之意是:其一,貌似聪明,但缺乏大智慧,总以为自己的所作所为别人看不到,也猜不透,投机取巧,谋取私利,从本质上来说,就是自私自利、心胸狭窄,只考虑自己,不关心别人;只关注个人利益得失,不关注组织成败兴衰。其二,不恰当地使用了他的聪明,自以为是、恃才放旷、锋芒毕露,遭人嫉妒嫌厌。这实质上是人际交往能力弱,沟通技巧不强。其三,耍小聪明,还有爱占小便宜、斤斤计较的意思,只关注眼前鸡毛蒜皮的利益,没有长远眼光,缺乏大局观。

这样的人总是不讨人喜欢的。杨修是个耍小聪明的典型,历史典籍中三番四次描写他自以为是的小聪明,可谓精妙绝伦。《世说新语》记载:

---

① 《贞观政要·卷三·论择官》。

杨德祖为魏武主簿，时作相国门，始构榱桷，魏武自出看，使人题门作“活”字，便去。杨见，即令坏之。既竟，曰：“门中‘活’，‘阔’字。王正嫌门大也。”

人饷魏武一杯酪，魏武啖少许，盖头上题“合”字以示众。众莫能解。次至杨修，修便啖，曰：“公教人啖一口也，复何疑？”

魏武尝过曹娥碑下，杨修从，碑背上见题作“黄绢幼妇，外孙齑臼”八字。魏武谓修曰：“解不？”答曰：“解。”魏武曰：“卿未可言，待我思之。”行三十里，魏武乃曰：“吾已得。”令修别记所知。修曰：“黄绢，色丝也，于字为绝。幼妇，少女也，于字为妙。外孙，女子也，于字为好。齑臼，受辛也，于字为辞。所谓‘绝妙好辞’也。”魏武亦记之，与修同，乃叹曰：“我才不及卿，乃觉三十里。”①

最为著名的自然是“鸡肋”的故事，《三国演义》第七十二回在叙述完杨修被斩情节后，花了不小的篇幅罗列了杨修得罪曹操的几桩事情，补充说明了他的那点小聪明其实是恃才放旷，得罪上司，自寻其祸。

历史上还有王安石和苏轼的坊间传闻，在明末冯梦龙纂辑的白话短篇小说集《警世通言》里，有一篇《王安石三难苏学士》，描写了苏轼耍小聪明得罪王安石、仕途坎坷的故事。冯梦龙开篇就总结说“聪明不可用尽”，实质上是“满招损，谦受益”的意思，警示世人事事要留有余地。

① 《世说新语·捷悟》。

“拉圈子”的人

党的十八大之后，习近平同志多次告诫领导干部，一定不得搞“圈子文化”，“圈子文化”与党的光明磊落、大公无私等精神格格不入，甚至背道而驰。

“拉圈子”，就是指结党营私，结成宗派、小团体，以谋取私利。这个私利，可能是经济利益，也可能是政治利益。为达目的，不惜打压、报复，损害公共权利，不顾公平正义。《中国共产党纪律处分条例》（2018修订）第四十九条明确指出：

> 在党内搞团团伙伙、结党营私、拉帮结派、培植个人势力等非组织活动，或者通过搞利益交换、为自己营造声势等活动捞取政治资本的，给予严重警告或者撤销党内职务处分；导致本地区、本部门、本单位政治生态恶化的，给予留党察看或者开除党籍处分。

很明显，这样的人为党所不容，更不要说选任干部了。

结党营私的渊源可能出自传统文化中的江湖气。章回小说里写行走江湖要讲义气，个别干部就把义气移植到了公共部门，嫁接到公共事务的管理上，在工作中拉帮结派，看似讲义气，实则抱团逐利，集体腐败。中国历史上党同伐异、危害国家的案例不在少数：东晋的门阀大族、晚唐的牛党李党，等等，在权力体系内争权夺利，排挤异己，不顾国家利益，徇私枉法，祸国殃民。

“不吃亏”的人

有一种人时时事事都要盘算着自己的所得所失，唯恐自己吃亏，无论是有形的还是无形的，物质的还是名义的，都不肯有所失落。这种“不吃亏”的人，显然也是难以得到提拔任用的。

从本质上说，“不吃亏”的人是一个自私自利的人，过分看重自身利益，无视他人和集体利益，在很多事情上锱铢必较，精于算计。这样的人有几种表现：

第一种是将人际关系、工作关系都异化为利益关系和交换关系，有付出必须寻求回报，有利必争。实际上就是把做与不做，和有没有利益、有多少利益挂钩，持着等价交换的心态，最常听到的口头禅就是：

> 我为什么要这么做？
>
> 凭什么啊？
>
> 有什么好处吗？
>
> 有没有奖励？
>
> ……

第二种是热衷于和周围的人比较。什么都要比,比待遇、比工作量、比领导对其的态度、比财产、比家境、比儿女。

第三种是喜欢强词夺理。俗话说“歪理十八条”,总是会找出各种各样理由掩饰自己的过失和懈怠,或者争取利益。这是一种心理上不肯吃亏的反映,貌似理由充分、自圆其说,其实也不过是自欺欺人,公道自在人心,别人只不过不愿意在细节上纠缠而已。

中国有句古话:吃亏是福,这和追求谦逊不争的君子品格是相符合的。一部集先贤警策身心语句的书《格言联璧》中有一句格言:“我不识何等为君子,但看每事肯吃亏的便是;我不识何等为小人,但看每事好便宜的便是。”

“拎勿清”的人

吴方言中“拎勿清”就是搞不清楚,对事情的理解力弱,反应迟缓。“拎勿清”的人实际上也就是不明事理的人。在工作中,是一种表现在语言表达上随意、轻率,不注重时间、场合、对象,有时候也引申为不识时务的意思。

“拎勿清”的人言行举止会不自觉地侵犯到他人的隐私,会触碰到别人不愿提及的内容。从本质上讲,这样的人不具备透过现象看本质的思维能力;也无法理解他人情感和思想。所以不顾及别人的感受,不能预判自己不恰当的言行可能产生的后果。这样的人会给人一种"他人不坏,就是做不好事情"的印象。这个时候,"拎得清"和"拎勿清"的差异就在于"度",或者说"边界感"。官场文化最注重"分寸",这是一种情商,也是交流沟通的一种能力。说话得体、恰如其分会给人柔和的印象,是内心宽容、自信,尊重对方的表现。

另一种表现是不能领会领导的意图,在处理事情时分不清轻重缓急,最简单的例子就是领导布置工作后,抓不住重点,不知道什么该做,什么不该做;不知道什么该先做,什么后做。于是就会给人感觉"该做的不做,不该做的瞎做"。这个时候,"拎得清"和"拎勿清"的差异就在于分辨主要矛盾和次要矛盾的能力,领导自然是欣赏能分清主次、执行力强的人。

"小心眼"的人

就是指心胸狭隘的人。可以有几种表现:其一是报复心重。他们信奉的是"有仇不报非君子""君子报仇十年不晚",貌似咬牙切齿,深仇大恨,但其实都是鸡毛蒜皮的小事。可能是过去的一次误会;可能是不经意的过节;也可能是因不同工作方式产生的分歧;又或者是无意间的言语不合,都被牢牢地记在心里,找准时机就要"加倍奉还"。这样的人一旦走上领导岗位,可能会出现干群矛盾,甚至公报私仇的现象,影响到组织稳定。

其二就是嫉贤妒能,见不得别人的好。但凡别人获得了一些荣誉,得到了一些奖励,要么就是不屑一顾,归因于莫须有的潜规则或者运气;要么就人前人后把别人说得一文不值,甚至“翻旧账”“挖老底”,尊己卑人,以示自己的优越。这样的人不能委以重任,原因不在于他们看不到他人的优点,而在于容不下他人的优点。能否发掘优点是由一个人眼光、水平决定的,能不能容纳优点则是气度、心胸的问题。这样的人一旦走上领导岗位,可能压制有才华的下属,引发“帕金森定律”,不利于组织健康发展。

而且“小心眼”的人一般都目光短浅,只顾眼前利益,只争蝇头小利,缺乏高瞻远瞩、展望未来的眼光,不具备干部所需要的协调统筹、引领发展的能力。

“急吼吼”的人

就是指对于干部职务、岗位有着强烈的欲望,而且毫无顾忌地表露在语言、神情、行动上,有些甚至不惜采取非法渠道干扰选任过程。他们的习惯性思维就是:

这次能不能轮到我?

什么时候我才有机会?

这个场合我必须要好好表现

跟着这个领导一定更容易被提拔

……

中国文化讲究“谦逊不争”,讲究内涵;“急吼吼”则是一种外在表现,反映的内在逻辑是不自信。从心理学上说,越是对自己能力缺乏自信的人,越是要竭尽全力地争取更多表现机会。于是,人们反而会怀疑其真实实力。

我们正视人们追求权力的愿望,也鼓励优秀人才争当干部,前提是正确的动机和合法的渠道。正确动机指向了权力的使用方式和目的,也就是为谁服务、怎么服务的问题。合法的渠道就是通过自身努力得到晋升的机会。“急吼吼”恰恰会引发人们对其争当干部真正目的的质疑,可能反映了他不正确的权力观。

当然了,我们上述关于哪些人当不了干部的说法也是一种大致的概括,怎么说呢? 在现实生活中,还真是有那么一些人,可能符合上述这些“人”的特点的一条或者多条,但他们恰恰也当上了干部;另外的一种情况是,还是有相当一部分人,完全没有上述这些“人”的特点,但他们照样当不了干部。这是在所难免的。

第六章 伯乐相马，也有相不准的时候

选人难，人难选

近年来，有越来越多的党委书记以及组织部门为他们选不到合适的人而伤透了脑筋，有相当一部分甚至认为当前选人用人出现了某种意义上的困局。最为普遍的情况是，一部分领导干部到了规定退休年龄而不能按时办理退休手续，相当一部分空缺岗位不能及时地给予补上。这导致两个相互关联的情况并存着：一方面，好多领导岗位"虚位以待"；另一方面，组织部门越来越觉得找不到适合的人选，组织工作任务繁重。而且，还不能完全杜绝"带病提拔"的现象，又还会出现这样的局面：我们看上的不愿意当；想当的人我们看不上。

这些都是问题，我们不回避问题，并确立问题意识，要思考为什么会出现这些问题？要有直面问题的勇气和破解难题的信心，进一步溯流穷源，澄源正本。

我们觉得，之所以出现这样的情况，或许有如下一些主要的原因：

一是，越来越细化的形式条件压缩了选人用人的空间。

选人总是要具备一定条件，条件可以分为两类：一类是形式条件，一类是实质条件。实质条件就是人所具备的品格、道德、行事能力、态度作风、经验、专业知识等；形式条件则是用以表现这些内容的载体，例如学历、岗位经历、工作年限、行政级别，等等。

例如，《干部任用条例》中规定："提任县处级领导职务的，应当具有五年以上工龄和两年以上基层工作经历”，这就是形式条件，“提任县处级以上领导职务的，一般应当具有在下一级两个以上职位任职的经历”，“一般应当具有大学专科以上文化程度，其中厅局级以上领导干部一般应当具有大学本科以上文化程度”，“应当经过党校、行政院校、干部学院或者组织（人事）部门认可的其他培训机构的培训，培训时间应当达到干部教育培训的有关规定要求……”这些也都属于形式条件。还有年龄，也是具有代表性的形式条件。我们常常可以在选任通知上看到对年龄的要求，例如，三十岁以下的科级干部、三十五岁以下的处级干部等。这些在《干部任用条例》中表达为“资格”，也就是缺少这些就没有资格列入候选范围。

从道理上讲，实质条件和形式条件是互为依存的。实质条件是内容，表现的是个人的特质、素养；形式条件是实质条件的外化，形式为内容服务，内容通过形式表现。但在选任工作中，还需要增加第三个变量，就是职务需求。选任过程就是看实质条件是不是适应职务需求，但又需要形式条件来表现，过分依赖形式条件的判断会产生标准偏差。满足形式条件，并不能说明能胜任某个领导职务的要求。

在实践中，类似的成文或不成文的用人的形式条件越来越严格，符合条件的人选范围在无形中压缩，可以任用的候选人“圈子”实在太小。

以985高校的校长岗位为例，近些年以来，除了一般性的资格之外，一般还必须具备院士头衔，以及至少有两个及以上正局级相关岗位的任职经历，而且就近些年来的情况看，一般还不是提任的，而是在同级别的位置上调任的。根据这样的资格条件，找遍全国各地应该说也找不到多少。某省级社会科学院是一个正局级机构，但由于历史原因，其所属多个研究所也具有正局级的级别。根据规定，能够晋升至副所长（副局级）岗位的，需有两个及以上正处级相关岗位的经历。但是作为一个研究所，其下属的“研究室”或相关机构并不具有“处级”的级别。于是，在研究所工作的任何一个人都没有任何可能晋升到副所长或以上职务。与此同时，能够担任此类职务的又恰恰需要有相关专业的研究基础和研究经历。因而，找到这样的符合条件的人选也就难上加难了。

二是，限制性的要求缩小了人选范围。

为了规范干部选任程序，《干部任用条例》对于规范各级领导干部的任用无疑起到了积极的作用，但另一方面，由于《干部任用条例》的规定，选人用人的条件清晰了、具体了，程序规范了、严格了，这同样也就意味着难度加大了。

我们注意到，《干部任用条例》的主要思想和主要精神基本上是“规范性”“限制性”的。就是说，“哪些人不能用”以及“哪些情况下不能用”的规定远远多于“哪些人可以用”以及“大胆用哪些人”的规定。

例如，在《干部任用条例》第五章第二十四条，非常清晰地采用否定形式规定了哪些情况不能列入考察对象：

（一）违反政治纪律和政治规矩的；

（二）群众公认度不高的；

（三）上一年年度考核结果为基本称职以下等次的；

（四）有跑官、拉票等非组织行为的；

（五）除特殊岗位需要外，配偶已移居国（境）外，或者没有配偶但子女均已移居国（境）外的；

（六）受到诫勉、组织处理或者党纪政务处分等影响期未满或者期满影响使用的；

（七）其他原因不宜提拔或者进一步使用的。

另外，还有一些条款没有采取纯粹的否定形式，但也在限制选任范围。

从2000年到2015年，中央出台了近二十个干部监督方面的文件、规章，其中包括《党政干部选拔任用工作监督检查办法》《党政领导干部选拔任用工作责任追究办法（试用）》等，对于选任工作进行了大量制度性约束，也缩小了人选的可选择范围。

三是，台阶思维加剧了短视效应。

在讨论选任干部基本视角的时候，我们提出过一个干部职业成长的视角，就是领导有时候会根据选任规则为下属创设未来发展的台阶，设计提拔路径。比如，领导会有意识地为一些特定对象创造机会，安排轮岗、基层锻炼、党校学习等。又比方说，为了能促使某位干部成为县处级副职，就需要在尽可能短的时间里，让他担任两个乡科级正职岗位，频繁地更换岗位，其目的不是在考虑人选和职务是否合适，而是考虑花多少时间能满足晋升的硬指标，也就是资格或者形式条件。

“为了提拔而安排”或者“为了升级铺路”的台阶思维某种程度上主导着选人用人的工作，这使得一些特定的领导干部不能安心既定的岗位，形成不了良好的组织认同感和组织情感基础。在某些情况下，无论是领导本人还是被领导者心里都非常明白，这个人来到这里担任领导职务仅仅是个过渡而已。

在规范的体制运行下，一个组织的稳定和发展，一个政策的制定、执行、反馈和完善都需要一定的时间量和延续性，台阶思维限制了干部的发展性思考，干部不愿意去制定长期计划，不愿意完成长期、艰苦的工作，只追求短期效应，博“曝光率”，吸引领导视线，最终危害的是整个组织利益。同时，其个人也“无法建立更深厚的关系基础，也没有机会建立令人信服的个人履历"①,将未来的成长建立在不牢固的地基上,最终浪费了优秀人才。这本质上是一种急功近利的表现。

四是,我们似乎也时刻面临到以何取人的难题。

前面我们提到,在既定的选人用人过程中,民主推荐的结果是参考性指标,"推荐结果作为选拔任用的重要参考,在一年内有效"。在考察环节,再次提出"防止把推荐票等同于选举票、简单以推荐票取人"。其背景是民主推荐存在着拉票、拉圈子的现象,违背了推荐的初衷。出于完善制度角度提出防止简单以票取人的想法是合理的,但是明确"不能以票取人"的规则后,又导致了缺乏应该如何取人的结论。

这是当代选任工作的难题。在古代社会,朝廷可以以"荐"取人(察举)、以"考"取人(科举)、以"出身"取人(九品中正)。这都是在特定历史条件下特定的选任办法,考察点往往聚焦在某一个属性和方式上,尽管有失偏颇,但渠道倒是清晰明确的。如今对干部的要求和产生过程比过往任何一个朝代都要全面和严格,也正是因为如此,产生了从"面面俱到"到"面面难到",从"不唯票论"到"不知所措"的尴尬。同时,也正是由于"不能简单以票取人"的要求易生制度漏洞,关系、人情甚至利益要素介入了选任,成为判断对象的某种因素。

伯乐的视野终究是有限的

"伯乐相马"也好,"慧眼识英雄"也好,都还是发现人才的阶段,至

① [美]约翰·科特:《权力与影响》,孙琳、朱天昌译,华夏出版社,1997年,第45页。

于相出来的“马”、识出来的“英雄”能不能走上干部岗位，并不在伯乐的工作范围，伯乐不能解决选拔过程中的所有问题。

我们的主要领导往往充当伯乐的角色，也需要他担当作为伯乐的责任。选好人、用好人而且以前还讲要“扶上马、送一程”，都被视为主要领导的职责范围。

在实践中，整个的过程以及相关的人员也基本上能够知道这样的潜规则，因而也认同主要领导作为伯乐的责任和使命。但是又由于程序上的要求，在“伯乐相马”有了初步的指向之后，还需要有相关的考察过程。

在考察过程中，绝大部分都是既定的规则，在文本上可以查阅，以文字形式记载并明确地约束了考察过程的种种规范。当然也有一些行为方式、习惯往往不立文字，又广泛存在于考察过程中，影响着对于候选人的考察结果。[①] 这些问题，我们往往容易忽视，更不要说有针对性地去思考和解决了。

就考察的情况来看，实际上大多也是按照“伯乐相马”的逻辑来进行的。

譬如说，首先，如非必要，参与对象还是愿意用肯定性表达方式来支持伯乐的眼力。

当公布考察通知时，群众就清楚了组织对于考察对象的基本态度：不仅认可其过往工作，也是肯定其工作业绩的。这才会有考察这回事，大家对提拔意图也都心知肚明。于是，一般来说，参与考察的人总会倾向于采用肯定的表达方式，锦上添花地赞扬其过往的殊勋茂绩。这也是一种“沉锚效应”。组织对于考察对象的态度一定是影响到群众评价的，

① 参见周敬青、谷宇、宋薇：《党内非正式制度研究》，中央编译出版社，2014 年，第 2 页。

更何况，确定找哪些人来听取意见这样的问题，也是组织部门圈定的。

还有一种情况。拟任的是乙单位职务，但考察是在其原本工作的甲单位进行的，群众普遍的心理是：

这人和我无冤无仇，尽可以成人之美；

这人不好也不坏，这事和我也没什么关系，何必损人不利己；

这人确实不赖，提升是实至名归的；

这人实在不怎么样，不受欢迎，能赶紧离开更好。

不管什么心态，都导致采用肯定表达。尽管偶尔也会采取“两分法”，在赞扬肯定的同时，指出考察对象存在的问题，但大都是蜻蜓点水，甚至有时候需要考察人员提示，才不痛不痒地提几条意见建议，且以建议居多。

除非有另一种情况，如某个考察对象的群众基础实在太差，甚至在单位还是干群矛盾的焦点，那在考察过程中就可能意见一大堆了。当然，这种情况并不多见，如果干群矛盾激烈，一般也不会成为考察对象了。《干部任用条例》有明确规定，“群众公认度不高”的不得列入考察对象。

再如说，考察评价的是“人”，而不是“人”与“事”的适切度。

不论是从《干部任用条例》规定的考察内容看，还是实际上的考察过程，参与对象的叙述主要是在评价人，针对人的日常工作、待人接物、态度作风、行动实绩等方面进行评价。从《干部任用条例》第五章第三十二条中看出，最后形成的考察材料包含：

（一）德、能、勤、绩、廉方面的主要表现以及主要特长、行为特征；

（二）主要缺点和不足；

（三）民主推荐、民主测评、考察谈话情况；

（四）审核干部人事档案、查核个人有关事项报告、听取纪检监察机关意见、核查信访举报等情况的结论。

至于考察对象能不能承担未来的角色，能不能担当未来的职责，很少涉及。当然，这确实有点勉为其难，尤其是异岗任职的情况。一方面参与对象并不了解未来的岗位职责需求，另一方面对考察对象的了解也未必深入和全面。最理想的考察结果是关于考察对象在当前岗位的工作情况和所反映出的德行。

再则，作为干部选任的考察，应该算是一件严肃的事情，但从考察来看，还是大多属于那种非理性归纳的评价方式。这说起来也应该是个问题。

评价是一门专门的学问，对人的评价尤为复杂。在日常生活和工作中，人们常采用两种评价方式：一种是理性的具体评价方式，一种是非理性归纳评价方式。

前一种评价是需要显性的数据或资料作为支撑的，例如，学校中评价教师的教学水平，可以从他任教学生的学业成绩绝对值以及横向、纵向比较中体现；评价科研员的科研能力，可以从他科研项目的立项数量、实验成果等方面进行展现；评价业务员的工作能力，可以从他推销产品的数量上来判断；或者评价围棋选手的棋力，可以从他对局的胜负比率，段位中获得。这些都可以从量化的数据中进行直接对照，产生差异鲜明的不同评价。

而非理性归纳评价方式总体上是依赖于人的感性认识，在与某个特定对象交往中,获取了在情感体验基础上,归纳产生的抽象、概括性、综合性认识。这些认识当然是来自于一件件具体的事情,但一旦用一个词语、一句话抽象出来后,这种特性就成为特定对象标签,所做的只能是“举例说明”,至于例子是不是能涵盖对象的整体,已经无人过问。因为标签已经贴上去了,人们相信在处理其他事情上,他也能展现出类似的特点。作为一种思维方式,归纳意味着由一系列具体的事实概括出一般性的原则,但应用在对人的评价上,归纳的结论具有典型意义,但不完备。

举个例子来说,在考察中,常有评价说某某人工作责任心强,这就是一个非理性归纳评价。责任心强与不强,没有量化的数据来说明。这个概括性结论是基于过往各种具体事件得出的,但也不是全部;且也只是基于参与对象与考察对象过去交往中的个人体验。当评价说责任心强,能推断出其在过去的大部分事情上,针对特定的访谈参与者,确实表现出了较强的责任心,才会有这样的判断,但并不能代表过去所有的事件和未来所有事件中均能体现出这一特点。

这仅仅是一个方面,在考察过程中,会产生大量的这样非理性归纳评价方式,这又和个人的体验密切相关。同一件事情、同一种处理在不同人那里会产生不同的体验。举个简单的例子,干部在审查下级递交的工作小结时,反复提出意见,要求下级修改。有些人可能会归纳出其做事认真、严谨、精益求精的结论,也有些人可能会做出他刁难下属的负面判断。因此这样一种非理性的归纳评价方式至少需要大量的样本才有价值。

从以上的一些分析来看,在“伯乐相马”的过程中,无论是伯乐自己所为,还是请其他参与人评头论足,实际上都是不周全的,都有可能相不中的。

“相中的好马”也有可能变坏

尽管制度的设计规范严谨，整个程序公正合理，依旧出现干部上任后程度不等的“后悔”。就像夫妻间的七年之痒，当时的“海誓山盟”在平淡的每一天的柴米油盐中渐渐烟消云散。到某一天发现，干部和组织的“恩爱关系”日暮途穷，濒临破灭。这样的情形可能表现为如下诸种：

一是，沉疴浮泛。

我们现在通常说要防止“带病提拔”，但其实真正的“带病提拔”应该是不存在的。按照字面理解，“带病提拔”是指明知道对象有问题，考察中群众有不良反映，仍坚持使用，这种情况即使有，也应该不是通例。在实践中称之为“带病提拔”的情况通常是这样的，说的是这样的一些干部，在考察过程中并没有呈现出明显的不良记录，各种资料审核、访谈中反馈良好，但上任后，发现任职前曾存在政治或经济问题，或者在新的岗位上，经不住诱惑，贪图私利、胡作非为，走上犯罪道路。这种情况后悔值是最高的，不仅否定了干部个体，也否定了整个干部选任的工作，给上级领导和组织部门带来负面效应，甚至让人民对选任制度产生质疑，影响事业发展。

二是，内忧外患。

譬如说新选任的干部上任后，很快就出现了党政不合、班子不团结、干群矛盾等等情形。如果这种情形出现在之前的工作岗位上,该干部根本就得不到重视,不会成为选任对象。但恰恰在选任前的考察中并没有反映出类似问题,相反还可能洋溢着团结融洽的氛围。然而事过境迁,在新的团体中,各种不和睦浮出水面,影响了组织稳定,阻碍了工作开展。这种情况后悔值中等,虽带来诸多麻烦,或许也有补救余地。

三是,碌碌无为。

就是干部上任后表现平庸,无功无过。平庸不代表失败,但意味着不尽如人意,没有达到组织预期成效。组织是稳定的,虽偶有抱怨,但无伤大雅,只是缺少发展的亮点,对于工作的推进力度有限,成效不明显,选任前的高期望和实际工作的低收益产生鲜明对照。可能是由于干部个人的问题,也可能是由于“水土不服”,无法适应新的岗位和要求。这种情况的后悔值较低,虽未达到预期,但还能正常使用。

产生这些问题的原因是很多很复杂的,并且彼此交错,相互作用,其中最重要的或许就是管理心理学中著名的彼得原理。这是美国学者劳伦斯·彼得在对组织中人员晋升的相关现象研究后得出的一个结论:在各种组织中,由于习惯于对在某个等级上称职的人员进行晋升提拔,称职的、工作绩效明显的得到了提拔,而留下来的、得不到提拔的人也就意味着工作不那么称职绩效不那么明显的情况了。这就是所谓彼得原理的大致意思。对一个组织的维系而言,通常也就是相当部分的不称职人员所为。这势必会造成组织的人浮于事、效率低下,导致平庸者出人头地、发展停滞。

彼得原理同样适用于干部选任工作,提拔干部,重要的条件之一就是其过往的工作出类拔萃,越是能干的人,越是有机会选任到更高层级的职务,这已经成为干部选任的规律。但是选任过程中组织并不会去预判干部能力的上限,甚至很少会忧虑未来的职务有可能会是其不称职的职务。按照中国儒家学说的期待,如果其本身资质平平,但有容人之量,倒还能算个称职的干部。如果按照帕金森定律的思路,为了保持自己平庸的权威,找来了更无能的助手,那么整个组织将人浮于事、效率低下。

还有一种原因是干部本身的行政管理能力弱导致的。迄今为止的社会中,我们依旧存在着大量的类似于“学而优则仕”的进阶路线图,尤其是在教育、卫生、体育、艺术、科研等单位或部门。当下,“学优”不仅仅以“学霸”的姿态显现出来,更表现为专业技能的卓荦超伦。比方说,优秀的教师更有机会被选任为学校校长;杰出的医生更有可能被选任为医院院长;出色的演员更有可能被选任剧团团长等。例如我国著名的乒乓球运动员邓亚萍退役后,先后担任过国家体育总局器材管理中心副主任、共青团北京市委副书记和人民日报社副秘书长等职务,诸如此类专业出色被选任为领导的案例比比皆是。

这里忽略了专业技术能力和行政管理能力的差异。我们不能武断地认为专业技术能力强的人一定行政管理能力弱,但至少一个专业能力很强的人未必具备很强的行政管理能力。于是就容易出现因专业优秀被选任,但因管理能力弱而拱手无措。于是也就可能会出现这样的情况,以前也有人说过,假如让一个著名的医生担任医院院长的话,我们就有可能既损失了一名著名的医生,又损失了一名合格的院长。

再有一种原因,就要在干部个人思想深处追根溯源了。当其在原有工作中得到肯定,就产生了自满情绪,在考察中,群众又习惯性地采用了肯定的表述方式,满屏的“点赞”,更让干部志得意满,甚至得意忘形、忘乎所以,到新的岗位上放松了对自己的要求,脱离了群众,脱离了实际,更有甚者以权谋私、唯利是图,最后自食其果。

第七章 期待改进，我们一起努力

干部工作从来就不是轻而易举的

墨子云:“尚贤为政之本”①,毛泽东同志的那句话也是妇孺皆知的,叫作“政治路线确定之后,干部就是决定性的因素”。习近平同志也反复强调“关键少数人”的作用。干部工作关乎社稷存亡,而事实上,并没有一种尽善尽美的干部选任方式,我们也看到各个朝代总是在不断发现弊端、漏洞,采取改革措施。因为显而易见,如果对问题听之任之,轻则会和八斗之才失之交臂,重则阻塞了人才上升通道,庸人当道,国破家亡。干部工作从来就不是轻而易举的,其中涉及了不同学科领域的知识。

首先,从政治学的角度来看,干部制度涉及公共权力机构的性质以及公民的权利问题。

在现代民主制度下,人民主权原则是最为重要的政治原则。因此,政府等公共权力机构为人民所有,这是现代政治的通例。所以干部制度首先就必须体现人民的权利和意志。通俗地说,就是人民需要什么样的干部,什么样的干部能代表人民、能为人民服务,干部制度就要体现这种导向性。这和传统社会不同,君主制度下,官员是为朝廷、为皇帝卖命的,选拔的是有助于维护千秋帝业的人,对人民的意义只是其附

① 《墨子·尚贤中》。

加价值。根据西方契约论的观点，国家与政府本来就是人民将自身权利交托出来的产物。将国家和政府这类抽象概念具体化，就聚焦到从事管理工作的干部，干部理所应当地要维护和保障人民权利，体现人民意志，否则人民是有权利撕毁契约、索回权利的。我国国家政权的性质是人民民主专政，国家公共事务管理部门的职能决定了干部是人民的公仆，代表人民执行国家公务和其他公共事务。

干部制度还要体现过程的民主。《干部任用条例》第一章第二条就指出，任用党政干部必须遵循“民主、公开、竞争、择优原则”及“民主集中制原则”。要体现所有国民在干部制度面前人人平等的原则。墨子云：“故古者圣王甚尊尚贤而任使能，不党父兄，不偏贵富，不嬖颜色。”[①]只要有才能，无论远近亲疏，不管贫穷富贵，都一视同仁。古代社会就有如此之理念，现代社会更应尊重这样的原则。平等是现代社会广泛而基本的政治精神，也是社会主义核心价值观重要组成部分，在这个意义上，干部制度的民主化是现代国家的基本要求，而公平优先是选拔任用干部必须遵循的首要原则。

其次，从社会学的角度来看，干部制度反映了一种角色分化的进程。

根据社会学的理论，一个生物学意义上的人走向社会之后，基于主观客观的原因，不断地进行着角色分化，逐步地就分化为官官民民、富富贫贫等千差万别的人类社会。

“人的最原始的感情就是对自己生存的感情；最原始的关怀就是对自我保存的关怀”[②]，从人的本性上来看，几乎每一个人都有那种趋向于

---

① 《墨子·尚贤中》。

② ［法］卢梭：《论人类不平等的起源和基础》，李常山译，商务印书馆，1997 年，第 112 页。

为官为富的动机,以及基于这种动机的行为取向。美国政治学者罗伯特·达尔就将政治社会分成四个层级:有权者阶层、谋求权力者阶层、政治阶层和无政治阶层。[①] 最后是哪些人、怎么样的人,是以何种渠道、凭借何等本事实现了目标、达官近贵了,这在很大程度上左右了社会群体的行为方式。例如,在传统社会,学而优可入仕,要入仕就要勤学苦练,选官制度就引领了"学"的潮流;又或者更早时期的察举,举孝廉可以入仕,全社会就会倡导温良谦恭的道德风尚。也就是说,一种特定的干部制度特别是选拔任用干部的方式,必定会影响到社会成员的行为动机和行为取向,对社会成员起到行为导向的作用,从而也就直接间接地影响到社会的进步和发展。

再次,从伦理学的角度来看,干部选任制度直接影响到社会的风尚以及人伦关系方面的问题。

法国启蒙思想家卢梭曾说,政治问题是与道德问题分不开的,此言极是。我国古代哲人孔子也有所谓"政者,正也"的说法,也是说的这个道理。墨子认为:"譬若欲众其国之善射御之士者,必将富之、贵之、敬之、誉之,然后国之善射御之士,将可得而众也。"[②]墨子是做了一个类比,如果要增加国家善于射御之人,就必须使他们富裕、显贵,尊敬、赞誉他们,之后国家善于射御的人就可以增多了。其他贤良之士,厚乎德行的人也都是如此。选任有助于引导良好的社会风尚。"政府过程应该起到学校的作用,教育我们待人接物应有的道德,陶冶我们的品格。过程对我们的尊严感和我们的品格所产生的影响十分重要。"[③]

---

① [美]罗伯特·达尔:《现代政治分析》,王沪宁、陈峰译,上海译文出版社,1987 年,第 130 页。

② 《墨子·尚贤上》。

③ [美]史蒂文·凯尔曼:《制定公共政策》,商正译,商务印书馆,1990 年,第 181 页。

公平、正当、科学的干部选任制度，不仅是良好道德风尚的产物，而且也能在某种意义上推进社会风尚的改良和进化。正如古希腊思想家亚里士多德所说的那样，如果人们都感到可以从当官中得到好处，那人们就可能会像着魔似的，“希冀于久居要津”，而“一旦失官，便憔悴不堪”。于是，争权夺利，买官卖官，诸如此类，严重地带坏了社会风气。反之，在干部选任过程中民主推荐、严肃考察，最终高风亮节、仁爱宽厚的人被委以重任，足以引导风清气正的道德取向。

最后，从管理学的角度来看，组织的性质、规模、层次等组织变量对干部的任用都会具有不同的要求。

管理学中有能级原理、系统原理，包括彼得原理、帕金森定律等，都是研究这类问题所得出的启示。要客观地承认人的能力是有层次差异的，合理高效的管理就是结合人的能力强弱配备成一定的层级关系，让能力强的人层级高，管理的范围大一点，能力弱的人层级低，管理的范围小一点；让具有某些能力的人从事对应相关的管理工作，最后服从于整个管理系统，达成系统目标。“人的能级与管理级次相互之间的对应程度，标志着社会进步和人才使用的状态改变。”干部选任就是要符合这样的规律，体现国家管理、行政管理的系统性和能级性。譬如说，政府的组织与企业的组织对干部的任用就应该具有不同的标准和方法，中央的政府组织与地方的政府组织对干部的任用也会有不同的要求，诸如此类。由此看来，对干部进行结构分类是干部制度的基本要求。

分分类吧，或许会有惊喜

多样性构成了世界的丰富多彩，五彩斑斓；统一性规范世界的形态，使之井然有序，这种统一性就是“类”，所谓“方以类聚，物以群分”，而后“各从其类”“知类通达”。类思维本身是一种智慧，一种复杂性思维。反之，那种把事情简单化、“一统化”，以及整齐划一等都是缺乏类思维的表现。在我们的政治管理和社会管理中，那种缺乏类思维的情况也不鲜见。例如，中央出台某一项政策，实际上各个省市自治区的基础情况千差万别，仍然一刀切地执行，效果就会大打折扣。

就干部选任制度来说，“党管干部”并不能理解成党按照统一的标准和要求来管理所有层级、所有类型的干部。多年来，在干部管理中强调集中统一有余，注重分类管理不足。这是严重制约干部工作的一个重要因素。

有学者认为，我国自 1987 年就提出要建立干部分类管理体制，但一直收效甚微，整个改革是基于“政治-理性”双重逻辑下展开，就一直在“政治控制”和“理性化”之间摇摆，其主要原因是缺乏有效的政治控制机制。[①] 如果纠结于中西方公务员制度的差异，抑或将公务员管理等

① 魏姝：《中国党政干部分类管理制度改革的理性——政治逻辑》，载《学海》2016 年第 5 期。

同于干部管理,分类管理确实不胜其烦,但如果我们压缩其内涵,仅仅局限在对于县处级以上领导职务成员的研究上,对其的分类或许可以更直白和清晰一些。

我们一贯以来主要遵从级别优先的原则,[①]就是主要考虑了干部中级别这一统一的属性,操作起来比较容易,全国一杆标尺,但忽视了多样性问题。同一级别的干部固然有其共性,但他们在党组织、政府组织、教学科研机构、企业等等不同的组织体系中完全是不一样的角色。而恰恰对于这种不同角色的干部,我们却没有那种分类的管理。

处理在干部选任工作中的统一性和多样性问题,实质上就是处理好共性和个性的关系问题。说到底,级别优先的干部选任制度也是在处理共性和个性,只是把行政级别理解为干部唯一的共性。世间万物,可以从不同角度去寻找共性、去分类。对于干部,我们既可以按照行政级别来划分,这是横向的;也可以根据其他变量来划分,例如组织性质、工作性质、组织体量,等等,这是纵向的。

按照级别划分的干部选任方式解决了层级使用、进阶和管理的问题,是符合管理学上能级理论的,其逻辑起点是人,因为“管人”,所以要将人划分成三六九等,但没有解决好“管事”的问题,这些人是不是能管好的,行政级别的分类上是无法完整体现出来的,或者说只能在一定程度上体现。强调分类管理,本质上是在强化“管事”的意识,更高程度地是将“管人”和“管事”合理整合。

要建立干部的分类管理制度,首先要确立从哪些角度对干部进行类的划分,这在前文已经提及,可以从层级变量、组织变量、内容变量三

---

① 除了在一些特定时期,例如在“劳动光荣”的年代,不管工作性质、知识水平、行政级别,只要在劳动中表现突出,特别是冠以“劳动模范”的光环,选任干部是会优先考虑的。

个大类进行划分。也就是说,每个干部都可以贴上这三个标签:他的级别、所在组织的属性和所从事工作的内容。这样,干部就呈现了三维的特征,是一个立体的定位。尤其在信息化时代,每个干部的分类录入可以搭建一个庞大的数据库,对干部管理、选任工作进行基础性积累。

谁能够提名,这个问题要解决

就我们现行的干部选任制度来看,其实说到底,"谁能够提名",这个环节是至关重要的。

无论是在会议上,还是在什么正式的或者非正式的场合,总是有那么几个人,对何人出任何种职务具有提名的资格和可能。但是说起来也非常值得研究。到目前为止,我们说何种岗位何种干部谁具有提名的资格、通过什么方式提名等诸如此类的问题,在制度上没有明确的说法。但是同时,也确实有那么个提名的事实存在。

"条例"里有关于"动议"程序的相关规定。可以认为,这个"动议"过程最重要的也就是"提名"。当然,你也可以认为,或许在这个动议之前就已经有了谁谁谁的提名。的确如此,在茶余饭后、会间席前,对空缺的职务候选人指指点点、欲言又止。闲散人等将此举戏称为"民间组织部"。严格来说,这种针对空缺职务人选的推测揣摩,完全属于预测、预判、推断、臆测,不具有任何效用,狂言瞽说的人大都不具备提名资格,说者姑妄说之,听者姑妄听之,尽管有些编排貌似“证据确凿”;而有提名权的大都不会恣意妄言。因为从他们口中透露的只言片语都有可能决定某个人的未来。

心理学上有一个理论叫“沉锚效应”,指的是人们在对某人某事做出判断时,易受第一印象或第一信息支配,就像沉入海底的锚一样把人们的思想固定在某处。通俗地说,就是“先入为主”“第一印象”。当人们评价一个人的时候,并不存在绝对意义上的好与坏;评价一个干部是否能选任,也并不存在绝对的合适与不合适,所有的评价都是相对的,关键在于评价的基准点。

如果针对某一个职务有人提出了一个人选,接下来的酝酿也好、民主推荐也好,还是考察等环节,这个人选已经成为评价的基准点,评价的内容成为这个人选本身的价值判断,以及其他人选和这个人选的比较关系,而不是这个人选和职务之间的匹配度,更不是哪个人选合适的问题了。更为重要的是,在这里,这个第一个提出这个人选的人本身,这个人之所以能够做出这样的提名,提名之后之所以能够进入干部选任工作程序,那是有着特定的意涵的。因此,初始提名对于整个选任过程有着无可替代的作用。

然而当我们在讨论如何选干部这样的一个系统性问题的时候,正视初始提名中的一些问题,当是改进我们干部选任制度的重中之重。尤其是,在这个过程中存在的“一把手”作用偏重、个人态度和意见左右提名过程的现象,是非常值得注意的。以至于轻则出现阿谀奉承、趋炎附势的不良风气,重则产生卖官鬻爵、权钱交易的乱象,更有甚者,出现了权力中介、权力市场,严重扰乱了干部提拔,也给整个行政管理和政府治理带来极大的祸患。

因此,“初始提名”中需要思考和解决两个主要问题:第一个是应该由谁来提名;第二个是以何种方式提名。

首先需要明确的是由谁来提名的问题。在《干部任用条例》中没有明确规定,这也就成为众人关注的焦点。动议阶段的主体是主要领导成员和组织(人事)部门,具体提名的既可以是主要领导成员,也可以是组织(人事)部门,或者是职务相关领导人员,甚至是原职务的承担者。在那么多关键人物中,需要明确某一个或者某几个具体的个体,而不仅仅是某一个部门或群体。唯其如此,才能提高选人用人的效率,也才能明确选人用人的责任。在逻辑上,无论提名的是群体,还是某些特定人物,必定是有“第一个发球”的情况。实践表明,“第一个发球”者的“发球”往往具有决定性的影响。

提名的方式,具体可以设计展开为:第一,法定提名:明确规定与一定岗位相关的人员,必须对岗位人选提出候选人,主要是分管领导。譬如拟选任上海某区卫生局局长职务,该区分管区长必须提名;如果是体育局副局长,局长必须提名。第二,建议提名:一定的个体或团体,可以对任用人选提出建议名单。例如原职务的承担者,或者到龄退休,或者职务变动,可以提出认为合适的人选。第三,自荐提名:符合任用条件的个人,可以通过规定的方式和途径,毛遂自荐。甚至天马行空一下,在建立了大数据信息库基础上,可以“逻辑提名”,即在数据库中根据职务需求,结合特定的条件设定自动产生候选名单。

不同的提名人代表着不同的视角,或从专业角度,或从管理角度,或从组织稳定成长角度,或从人员特长角度等,都是从各自立场上觉得某个人适合该职务。因此,还需要对不同提名人的提名设置权重,同时进行酝酿,这个酝酿过程就有内容了,其主要意图就是将这些提名进行综合考虑,主要负责这项工作的则是组织(人事)部门,酝酿完成后,形成工作方案。

任何一种对于人的制度设计都需要建立在一个总前提上,即出于公义,中观地说,是基于组织利益。不管是通过法定提名、建议提名还是自荐提名,其出发点都是职务需求,以及人与事的适应性。这当然需要道德的自我约束和对于工作的高度责任感,理论本身无法计算伦理的代价,只能从制度设计上最大限度地制约人的利己性动机和行为。

公平与择优:何者为先

说来说去,选任干部的事情,从选任主体来说,甚至也可以从社会的整体性目标来说,一定是希望选任到最好的最有条件有能力担当某个职务的人来,这是所谓"择优"的取向。而从社会成员来说,当然也是从社会的整体利益出发,在干部资源稀缺的情况下,在很多很多的人都希望当干部的背景下,我们也希望通过一种公平合理的机制来选任干部。由此给社会一个明确的交待:我们之所以选任张三而不是李四来担任干部,不是个别人的意思,也不是他张三有什么关系,而是通过了公平的选拔机制和程序。这也就是选任干部中的公平取向。

那么问题就来了,到底是公平优先还是择优优先?

人是地球上最复杂的生物,我们很难用一杆标尺去丈量,然而恰恰在干部选任中,我们习惯于用统一的标准去挑剔所有对象。组织部门有难处,因为如果不是制定越来越完善的规则,统一了标准,总有人在钻制度的漏洞;而也会有一些人才具备一技之长,未必能完全符合这统一的规则,但做起事情来有声有色、成效显著。这就好像学习中的偏科现象,我们所熟知的钱锺书、朱自清、吴晗,曾任国立中央大学、国立清华大学校长的罗家伦等等皆是严重偏科又成了大师,甚至有观点说,偏科的往往是某个领域最出色的人。

在干部选任工作中,这就涉及公平与择优的抉择问题,统一的标准和规则体现的就是公平的选人环境,但又可能错失了在某些能力上十分突出的人才,因此我们需要处理好这些关系:

一是最大限度地统一形式条件和实质条件。

干部选任形式条件和实质条件的关系本质上是内容和形式的关系。要处理好两者的关系,就是要让形式能客观、真实地反映出内容,要让大家一目了然地知道要选任的干部需要具备什么样的实质条件。就好像在论功行赏的年代,“战斩一首赐爵一级,欲为官者五十石”,直截了当,通俗易懂,形式条件就是战场上斩首的数量,实质条件就是骁勇善战。

对于年龄、学历这类的形式条件要合理设计。这在《干部任用条例》中已经有所体现,在第一章第三条中特别指出:“注重发现和培养选拔优秀年轻干部,用好各年龄段干部。”明朝有个官员叫范济,他一生坎坷,到八十多岁的时候,进京进言了八件政事,宣宗就让群臣讨论一下:

尚书吕震以为文辞冗长,且事多已行,不足采。帝曰:“所言甚有学识,多契朕心,当察其素履以闻。”震乃言:“济故元进士,曾守郡,坐事戍边。”帝曰:“惜哉斯人!令久淹行伍,今犹足用。”震曰:“年老矣。”帝曰:“国家用人,正须老成,但不宜任以繁剧。”乃以济为儒学训导。[①]

宣宗在用人政策上思想还是开放的，不因为其年老而不用，反而觉得“国家用人，正须老成”，同时又有理有节，“不宜任以繁剧”，就任了“儒学训导”。不同年龄段的干部有不同的优势，例如青年人，具有冲闯精神，干劲十足，但欠沉稳；资深干部，改革动力不足、精力体力欠缺，但经验丰富等，只要择其善者而用之即可。

二是按类设置共性条件和个性条件。

当我们建立了干部分类管理制度的时候，可以同步制订选任干部的共性条件和个性条件。共性条件就是各级各类干部都需要具备的，应该侧重在道德伦理、政治素养、作风态度等思想层面的，解决的是“公平”问题；个性条件是根据不同组织性质、不同工作内容所要具备的条件，应该侧重在专业素养、领域经验等，解决的是“特长”问题。

目前的《干部任用条例》在限定条件时，比较多的是从共性条件出发，尤其侧重政治、品德、作风等素养，这是必不可少的，在此基础上，可以按照不同类别，设置个性条件。例如，教委分管基建的副主任，条件设定中应该包含有教育部门工作经验、有基建部门工作经验等。同时，还需要营造能力导向的选任氛围，实现“虽在农与工肆之人，有能则举之”[②]。

三是定性评价和定量评价结合的考察方式。

我们不仅需要从群众那里获得非理性归纳评价，更要寻找可供检测的量化点，通过可直观检测的数据来描摹考察对象的形象。

---

① 《明史·列传·卷五十二》。

② 《墨子·尚贤上》。

尤其随着信息化时代全面降临，信息技术、数字化记录，以及随时随地签到记录，对于人生活学习工作的大数据集合已经能够提供更准确和客观的评价方式。比如说，干部必须廉洁自律，那么就可以通过相关部门，例如纪检部门出具的廉洁报告来体现；或者对干部有诚信的要求，可以出具公民的诚信报告，其中就包括信用卡还款记录、房贷还款记录、缴纳违章罚款记录，甚至预约某项活动后参与度情况汇总等。

四是处理好一般程序和例外程序的关系。

管理理论上对长期经验的科学总结后形成的程序称为一般程序，对于干部选任工作就包括从动议、民主推荐、考察、讨论决定和任职程序，也包括每个环节中的目标、要求、做法等，这些都是长期实践的经验总结。遵从一般程序，就是解决了“公平”问题。

例外程序就是在特定环境、特定部门或者特殊条件下采用的程序，实践中能体现管理者的才华，从文本上来说，可以对例外程序进行预先设计，包括例外程序的触发条件、规则、实施过程及后续检验等。这是在处理“择优”问题。

五是探索建立选任制度的后悔值决策法。

决策者制定决策之后，若情况未能符合理想，必将产生一种后悔的感觉。决策者基于后悔值为依据进行决策的方法就是后悔值决策法，也称为遗憾法。这种方法主要是用于工业、销售等行业中，是在有多种方案可以选择的情况下所采用的理性分析手段。延伸到干部选任中，首先需要建立可以量化的后悔值，并在其中选择最小的后悔值。这样的操作貌似无法实现，但大数据分析或许可以提供某种可能性，基于特定算法的研究有望对人的评价提供一种新的思路。

最最重要的，是要提高认同性

新中国成立以来，尤其是改革开放以后，党和政府建章立制，从无序到有序，也努力发现选人用人上的困难和问题，并不断改进，使之越来越规范。

早在1980年，在党的第十一届五中全会上通过的《关于党内政治生活的若干准则》就指出："凡是涉及……干部的重要任免、调动和处理，群众利益方面的重要问题，以及上级领导机关规定应由党委集体决定的问题，应该根据情况分别提交党的委员会、常委会或书记处、党组集体讨论决定，而不得由个人专断……要在充分走群众路线的基础上，建立和完善对干部的考试、考核、奖惩、轮换、退休、罢免等一整套制度。"①可以说，这是对之前很长一个阶段干部工作中问题的一种反思。

之后，根据干部人才队伍"革命化、年轻化、知识化、专业化"的方针，在1983年10月，中共中央组织部下发了《关于建立省部级后备干部制度的意见》，1986年1月，中共中央下达了《关于严格按照党的原则选拔任用干部的通知》，对干部选拔任用的原则、程序、机制、录取等基本要素作了初步规范，为后来党政干部选任工作文件的出台奠定了

---

① 《十一届三中全会以来党的历次全国代表大会中央全会重要文件选编》(上)，中央文献出版社，1997年，第124页。

基础。1990 年发布了《中共中央关于地方党委向地方国家机关推荐领导干部的若干规定》;1992 年 12 月,中共中央组织部印发了《关于积极大胆地做好选拔年轻干部工作的通知》等。这一系列的文件描绘了干部工作从无序逐步走向规范和标准化的线路图。

在规范干部工作的同时,国家对于公务人员的管理也上升到法律层面。1987 年,党的十三大决定建立国家公务员制度,并于 1993 年八届全国人大第一次会议审议通过了《国家公务员暂行条例》,规定了公务员的权利、义务、职位分类、录用、程序等内容。至 1993 年,将公务员管理和党政干部管理统一起来,12 月印发了《中国共产党机关参照试行〈国家公务员暂行条例〉实施方案》。

1995 年 2 月,中共中央颁布的《党政领导干部选拔任用工作暂行条例》是对干部选拔任用工作的一个系统总结和规范表述,也确立了之后文件的基本框架内容。2002 年 7 月正式颁布了《党政领导干部选拔任用工作条例》。2014 年 1 月和 2019 年 3 月对条例进行了修订。①

从整个过程来看,干部选任工作从无到有、从原则限定到系统表述,经历了一个漫长的成长过程,从中可以看出党和政府对于干部工作逐步清晰和准确的认识。党中央结合出现的情况对选任的指导性文件进行修订,就拿最近一次对《干部任用条例》的修改为例,由于某些地方出现了少数人工作不积极、工作能力不强、缺乏业绩,进不了推荐的范围,于是就拉票、拉圈子,产生"感情票""利益票"等现象,干扰了选任干部客观性,反而忽视了认真踏实工作的人,在 2014 年修改发布的《干部任用条例》中就降低了民主推荐的重要性,只作为一个参考性指标,"推荐结果作为选拔任用的重要参考,在一年内有效",并在考察环节,

① 资料引自"中国共产党新闻网"中"建国以来重要文献选编"。

再次提出"防止把推荐票等同于选举票、简单以推荐票取人"。

同时,针对一些突出问题出台新的规范性文件,这都体现了党对于干部工作的重视和自我调适。比如,针对干部工作的"大锅饭"和论资排辈现象,1998 年下发了《关于党政机关推行竞争上岗的意见》、1999 年中共中央组织部又下发了《关于进一步做好公开选拔领导干部的通知》、2013 年中共中央组织部印发了《关于改进地方党政领导班子和领导干部政绩考核工作的通知》、2018 年 11 月印发了《干部人事档案工作条例》等。

大大小小的文件实质上就是在不断发现问题,寻求解决方案,或许你会说没有看到,但改变真切地发生在我们身边。只是在完善制度层面的同时,我们还需要思考和解决观念层面的一些问题,特别是认同性问题。

现在看来,尽管多年以来我们在选任干部的进程中也可以说动足了脑筋,想尽了办法,也作出过不少的探索,致力于在选任干部的民主化科学化方面有所建树。但是多年以来,社会在我们干部选任的问题上认同性还不是非常好。也就是说,我们已经作出了不少的努力,也有了不少的改进,但是社会方面的不满意、不认同还程度不同地存在。

选任工作的认同性属于政治认同范畴,政治认同又是一个沉重的话题,涉及面甚广,无暇深究。但至少要形成的共识是:认同性和稳定性有着很强的相关度。我们首先是要提高社会对选任制度的认同性,也就是要让社会和民众认识到选任工作的意义、过程、原则和艰巨性;认识到选任制度安排的合理性、严肃性和规范性;认识到选任工作中各个环节有着严格的纪律和要求;认识到执行人员都具备高素质,尊重和敬畏选任工作,进而产生对选任结果的信任。

组织部门也要增强对自身工作的认同性。这是一种自信,我们要相信，所有的选任都是依照缜密程序，由高素质工作人员公平、公正地执行的，产生的干部具备了担当相应职务的基本素养和能力。

同时，还需要干部提高对自身工作及其价值的认同性。干部要认识到自己工作对于国家和社会的作用和意义，在岗位上挥斥方遒，积极主动地投身到变革社会的行动中，个人能力和工作表现得到各方面的认可和肯定，得到更多人的尊重、信赖和正向评价，实现人生价值。

规则的完善是件“说起来容易，做起来难”的事情，对于整个干部选任工作的再思考旨在总结多年来的成败得失，从制度的文本层面、实践层面和观念层面提出有价值的研究视角。对于组织部门来说，需要树立问题意识，加强对于干部工作的历史和现实研究。在历史上，察举制、九品中正制、科举制等，都曾起到了积聚人才的积极作用，但缺少自我净化、修正和完善机制，最后的结果就是形式脱离内容，无法选拔出优秀干部。

近百年来，尽管在不同时期涌现了无数优秀干部，但并不代表我们的干部选任制度是尽善尽美的，尤其在新形势下，选任工作容不得半点闪失，有问题意识才有提升空间。不回避问题，才有可能找出问题，质疑本身是创造性思维的一种品质，质疑的不是选任的总方针，而是具体操作过程和制度设计中的合理性和有效性。

新时代，需要更高瞻远瞩地看待干部工作，注重数据积累，注重运用新的技术手段来分析和甄别干部。每年数以万计的岗位需要干部，干部选任工作关系党和政府的未来，关系国家和民族的振兴，须用心。